草根创业者
生存报告

张晓波 陈永利 ◎ 主编

图书在版编目（CIP）数据

草根创业者生存报告：中国大学生基层企业创新创业调研 / 张晓波，陈永利主编. —北京：北京大学出版社，2019.6
ISBN 978-7-301-30458-7

Ⅰ.①草… Ⅱ.①张… ②陈… Ⅲ.①大学生 – 创业 – 调查研究 – 中国 Ⅳ.①G647.38

中国版本图书馆 CIP 数据核字（2019）第 080665 号

书　　名	草根创业者生存报告 CAOGEN CHUANGYEZHE SHENGCUN BAOGAO
著作责任者	张晓波　陈永利　主编
责 任 编 辑	刘　京
标 准 书 号	ISBN 978-7-301-30458-7
出 版 发 行	北京大学出版社
地　　址	北京市海淀区成府路205号　100871
网　　址	http://www.pup.cn
电 子 信 箱	em@pup.cn　QQ：552063295
新 浪 微 博	@北京大学出版社　@北京大学出版社经管图书
电　　话	邮购部 010-62752015　发行部 010-62750672　编辑部 010-62752926
印 刷 者	涿州市星河印刷有限公司
经 销 者	新华书店 730毫米×1020毫米　16开本　14.25印张　209千字 2019年6月第1版　2019年6月第1次印刷
定　　价	46.00元

未经许可，不得以任何方式复制或抄袭本书之部分或全部内容。
版权所有，侵权必究
举报电话：010-62752024　电子信箱：fd@pup.pku.edu.cn
图书如有印装质量问题，请与出版部联系，电话：010-62756370

献给用双手托起中国经济辉煌的创业者

Foreword 前言

　　企业是经济运行的主体，企业运行的好坏直接影响着一个国家的经济发展。中国现在正处于大众创业、万众创新的时代，千千万万的中小微企业是推动经济腾飞的原动力。客观反映企业运行状况的数据，是政府实施宏观调控、市场主体进行经济决策的重要基础，因此非常有必要及时掌握企业的运行情况。但目前官方采集数据主要关注具有一定规模的企业，而对于新建的中小微企业，特别是它们的创业和创新行为鲜有涉及。

　　改革开放四十年以来，中国经济迅速增长，已经成为世界第二大经济体。很多学者预测，中国不久后会成为全球最大的经济体。随着中国经济实力的不断增强，中国的经济问题也会愈发受到关注，对中国经济问题的研究也会随之成为显学。高质量的学术研究必须以高质量的微观数据为支撑，但是目前中国缺少关于企业（尤其是中小微企业）的高质量的公开数据。

　　中国企业创新创业调查（Enterprise Survey for Innovation and Entrepreneurship in China, ESIEC）旨在填补这个空白。ESIEC是北京大学中国社会科学调查中心核心调查项目之一，具体执行由北京大学企业大数据研究中心负责。中国企业创新创业调查覆盖企业家的家庭和社会背景，包括企业家的创业史、家庭结构、主观态度与风险测度等，以及企业经营、融资、创新、营商环境等情况。ESIEC的调查数据将会对学术界开放，为提高中国经济学学术研究水平助力。随着时间的流逝，ESIEC的数据也将成为珍贵的历史资料。

相比住户调查，企业调查要难很多。中国企业创新创业调查团队先后于2015年寒假期间、2016年4月、2016年7月和2016年12月开展了4次预调查，逐步积累经验。2017年暑假在河南省16个县开展了调查。2018年基于工商注册企业全量数据库，利用与规模成比例的概率抽样方法，在辽宁、上海、浙江、河南、广东和甘肃六省（直辖市）抽取117个县（市、区），然后在每个县（市、区）随机抽取400家私营企业和100家工商个体户，共计58 500个样本，并于暑假期间招募学生访员900余名（其中北京大学在校学生约占20%），到实地开展调查。

为配合这次调查，我们还在北京大学开设了"真实世界经济学：田野调查"的通选课。选修此课的同学都要参加暑期调研，还要撰写调查报告，并在"中国企业创新创业调查"微信公众号上推送。本书收录的不少文章是选课的同学们写的，当然参与2017年和2018年调研的其他访员也贡献了很多文章。

企业调查是在暑假进行的。炎炎烈日，没有好的交通工具，人生地不熟，找企业本身就是个巨大的挑战。我们事后发现大约2/3的企业不在注册地经营。即使好不容易找到企业，还有可能会被拒访。在这个过程中，同学们磨炼了意志，锻炼了沟通能力，培养了组织领导能力和团队精神，丰富了人生阅历。每晚同一个队的访员都要进行复盘，分享快乐，分担痛苦和被拒访时的泪丧，一起交流经验，互相帮助。艰苦的实地调研也锤炼出弥足珍贵的友谊。

最珍贵的是，访员们从访谈中体验了企业家创业的艰辛，以及坚韧不拔的精神。他们将这些草根企业家的故事写出来，先是在"中国企业创新创业调查"微信公众号上和大家分享。我们又从中选出42篇优秀的稿件集书成册，由北京大学出版社出版，将这些珍贵的资料留下来。这些短文记录了中国民营企业从无到有的发展历程和中国民营企业家波澜壮阔的创业史。访员们也成为中国民营企业发展史的观察者、记录者和思考者。

中国企业创新创业调查是一个从无到有的过程。在这个过程中，我们得到了太多人的帮助。北京大学前任校长林建华亲自批准成立北京大学企业大数据研究中心，从学校层面支持中国企业创新创业调查。北京大学中国社会科学调查中心主任李强教授帮助在学校协调各种资源，从校学科办争取到主要的资金支持。经管学部主任张国有教授、北京大数据研究院院长鄂维南院士也对调查的顺利开展起到了关键的推动作用。企业大数据研究中心的三家理事单位（龙信数据、智墨机构、创合汇）也提供了资金赞助。我们还要感谢国家自然科学基金面上项目"商事制度改革成效——基于企业微观视角的研究"（71874008）和国家自然科学基金应急管理项目"北京大学管理科学数据中心"（71450001）的资助。我们要特别感谢北京大学出版社的刘京编辑在出版过程中的大力支持以及细致的文字编辑工作。

北京大学团委还将 ESIEC 纳入北京大学本科生社会实践的一部分，激励北京大学的学子踊跃参与调研。

最后我们非常感恩在调查中所有接触到的企业家。他们牺牲了自己的时间和精力，分享自己的经验和体会。没有他们的分享，访员们也不会写出这么精彩的故事。这些鲜活的故事和 ESIEC 的数据将永久留下来，纪念在改革开放中做出巨大贡献的千千万万的普通企业家。

张晓波　陈永利
2019 年 5 月

Contents 目录

一 创业

寻梦鱼塘 / 003

执着成就事业，诚信迈向成功 / 006

起落三十年，餐饮梦重现 / 012

大海无边天做岸，高山有峰我为顶 / 018

那些含苞待放的花儿 / 022

这是一个普通的故事，却不平凡 / 027

龛谷老人的创业故事 / 033

军旅、湖光与鱼拓 / 040

千磨万击还坚韧，任尔东西南北风 / 045

从鞍钢钢铁到塑钢门窗 / 050

十年磨一剑 / 054

人皆可以为尧舜 / 057

因为热爱，所以执着 / 064

二 生存

平凡不平庸 / 069

小小建筑劳务，巨大政策需求 / 073

布海沉浮录 / 075

暑土气，寒凉心 / 081

企业生存之困 / 086

通衢四省，厚德三鼎 / 094

田里天外 / 098

三 转型

我也能推着时代向前走 / 107

从贴牌到品牌 / 113

敢胡思乱想,敢胡说八道,切忌胡作非为 / 116

品味与突破 / 119

漳间一燕子,报福农桑家 / 124

四 发展

笔墨牵心动,丹铅系情长 / 129

个人成就团队,团队造就个人 / 136

中马之桥 / 141

古稀老人的风雨四十年 / 145

"厚德载物",以德行作舟浮沉在经济死水的佛家智者 / 149

李总和他的大唐 / 155

西日尖措和他的扎西利民诊所 / 160

秉承初心,负重前行 / 164

五 感悟

另一个角度看世界 / 171

草根企业家们的创业选择和挑战机遇 / 176

经济发展：生态生机还是经济生机？ / 183

走向人群 / 187

资源诅咒、政府失灵与空心的县城 / 192

产业集聚区集聚了谁 / 194

河南的航运，安徽的船闸 / 197

一个像非洲，一个像欧洲 / 200

调研见闻与思考 / 205

一 创业

寻梦鱼塘

受访人：黄老板（河南）

辟蹊径，茅舍间，红日翠荫小塘边。老骥不悔三十载，初心未泯千万劫。

下午三点，太阳当空，我们骑车经过的小路上扬起了黄烟。经过两个小时的奔波，自行车终于在一条绿荫小径前停止了颠簸。

青树翠蔓，蒙络摇缀，路的尽头引向一片中式庄园。眼前是错落有致的几个复古小亭，青瓦朱门，蓝窗红棂，屋檐上挂着几个崭新的红灯笼。不远处只见两片鱼塘水波潋滟，不时有鱼儿跃出水面，被垂钓者纳入篮中。见我们来了，一位穿着朴素的农妇热情地引我们进了一个小亭乘凉。庄园刚开不久，生意还算红火。

黄老板一开始见到我们时，戒备心很强。当我们说到"企业家"一词时，他才微展眉头，连连推辞，"我可算不上什么企业家，平平凡凡一个农民罢了"。从唠家常开始，他将自己的经历娓娓道来。

鱼塘，是他一生的梦。1989年他第一次做鱼塘农庄，那个时候同村的朋友都劝他不要走这条路。几条鱼，有什么钱可赚？他的想法不一样，他要做生态鱼塘，走循环经济之路。有鱼，可供垂钓，鱼的废物可以做肥料，肥料可以养一片绿植。有树，有水，有人，有景，人与自然共适共乐。他谦虚地说："虽然我学历不算高，好的想法还是有的。"

于是他四处借钱，包下几块河道旁的差地，将自家的良田也换成低洼地，在众人的反对与非议之下把农田挖成鱼塘。这是个大家都不看好的项目，从亲戚朋友那儿借的钱都带1分多的利息。好在第一次创业还算成功，来乘凉、垂钓的游客络绎不绝。说闲话的人渐渐少了，大家也都去支持他的生意。

这一干就是十多个春秋。却不料有一年大旱，鱼塘全都干涸了，几条小鱼在泥里扑腾，只剩下两片坑地。小农庄开始由盈转亏。看着几片空洞洞的黄土地，他的心也被掏了个空，脸上的笑容消失了，变得严肃起来。

但是人不能活在过去的阴影中，他重整旗鼓，在父亲的指引下，发现四川攀枝花的商机，去那儿开出租。又是四处借钱，9厘的利息。以前的钱还没还清又要开始新的营生，周围的朋友又是一阵议论。但是信任黄老板的人也愿意继续信任他，多年的朋友也甘愿把钱借给他。从早到晚，从晚到早，他把钱点点滴滴地攒起来。两个儿子都在四川上了学，妻子在家打点家务，小日子过得充实快乐。

后来听说防水业正在兴起，前景不错，黄老板就跟着朋友一起做。他说"想做大事业，冒险精神一定要有"，他当机立断，把所有的钱都投入了防水事业。黄老板一开始做的是机场的防水工作，他挑选最好的材料，制定最严的标准，攀枝花的机场工程落成，80%的防水工作出自他之手。

就在生意蒸蒸日上，终于攒足了钱足以续鱼塘前缘之时，生活再一次把黄老板拖向了谷底。浩大的机场工程他一分钱也没得到——朋友卷钱跑了。这里面有他的全部积蓄和借款。说到这时，我能看到他深邃目光中似有似无的点点泪光。他把头偏了过去，点了根烟，静了半晌，叹了口气。

"之后的两个月我想过自杀，甚至想把飞机场炸掉，报复社会。我把房子和车变卖掉，还了点贷款，租了个四五十平方米的小屋子，两个月一直躺在床上什么都不做，也不想吃东西，只想逃避现实。家中两个儿子分别在上初中、高中，正是长身体的时候，妻子攒下的一点点积蓄全拿去交了学费和生活费。全家每天吃糠咽菜，连维持温饱都够不上。"黄老板回顾那段不堪回首的日子时说道。好在邻居发现了他们一家的处境，就资助他们一家米面饭菜。邻居的朋友生了孩子，又找到黄老板的妻子做保姆，一个月付给她一两千元。"患难知真情"，那是黄老板第一次深刻地理解这句话的含义。

这时，听说附近有一个医院要做防水工程，黄老板的妻子就鼓励他重新振作起来，去承包这个工程。这是一个冒险的举动，一旦失败又会输得精光，倾家荡产。可是想起当年的鱼塘梦，他还是决定再来一次。支持他的朋友甚至办了一张信用卡直接给他用。他没日没夜地干，尽量少雇人，降低成本。即使再困难，他也坚持质量第一。事实也证明他的决策是对的，两个月，他净赚三万元，贷款也还了一些。2008年的汶川地震对于他又像一次塞翁失马的经历。震后到处坍塌，许多房子出现裂缝，一到下雨天，雨水满屋都是。只有他负责的这个医院防水性能良好，下雨滴水不漏。他诚信的名声一下子广为传播，医院和附近单位的防水工程都来找他，他的日子变得好起来了。

即便是这样，他还是忘不了当初的鱼塘梦。做的这一切，赚的所有的钱都是为了那个水边田间的世外桃源。带着全部家当，带着自己的梦想，黄老板又回到了家乡。

两百多亩农田、建果园、种庄稼、搞鱼塘，两三年下来游客甚蕃。黄老板的儿子大学学的是土木工程，几个中式小亭都是他的设计作品。后来黄老板又把四川的房子卖掉，换来二百多万元，全部用来投资自己的梦想。他还想再做大一点，农田改种桃子、葡萄这样的经济作物，各二百亩，游人可以来摘水果、垂钓、喝茶、吃饭，体验田园生活。想到离自己的梦想就差几步了，他露出了久违的笑容，黝黑脸上的沟壑都是与生活抗争的纪念。经历过大起大落的人知道幸福的来之不易，实现梦想绝不是做梦那样简单。

杨典
北京语言大学 2015 级本科生
2017 年河南调查

执着成就事业，诚信迈向成功

受访人：黄建锋（浙江）

1983年出生在浙江小镇新塍的黄建锋，是无数平凡小镇青年的一员。他按部就班地好好读书考上了大学，甚至十分积极地在大学期间入了党。不过大学毕业后他没有留在当地，而是选择了回到镇里的政府做一名公务员。他所在的部门是企业服务中心，他和所有地方政府的小科员一样，过着每天朝九晚五的平凡生活。每天来到单位做的工作，就是把一摞摞文件整理好，给对口的各个企业打电话。不过和较为清闲的部门不同，处在国家经济快速发展的阶段，又是在发展活力旺盛的浙江，他为了给各种企业提供信息、融资、技术方面的帮助，往往要从早忙到晚。

古人云"三十而立"，然而在黄建锋二十九岁那年，却因为生了计划生育政策外的第二个孩子，他不但被开除党籍，还被开除公职，以后再也不能在体制内工作。

窘迫之下，他只好去寻找家人的帮助。好在黄建锋父亲的水泥厂也正在用人之际。他并没有被困境所阻碍，而是在积极谋划自己下一阶段工

新昌玻璃栈道上的黄建锋

作的同时，在父亲的厂里帮忙联系项目。这家水泥厂是经过了转制的国有企业，而基建项目的水泥订单往往也倚赖于政府的关键作用。这个阶段，黄建锋负责的项目往往就因为他更清楚跑政府的门路而能顺利做成。他在打拼过程中也逐渐积累起了项目资质审核、资金使用管理

黄建锋（右二）和家人在一起

以及生产营销的基本经验。那几年的环保政策还不算太紧，水泥厂生意做得风生水起。不少亲戚朋友都劝他一直在这一行干下去，既有父亲的荫庇，自己赚的钱也不愁吃穿。

转折发生在2014年，环保政策的压力已经初见端倪，黄建锋不禁思考起水泥行业的前途。就在这时，一个他在本地跑项目时认识的叫于洋的人给他提供了一些新的信息。于洋原来是做工业模具的，他所在的厂子因为在本地激烈的竞争中抢不到订单，已经准备放弃经营了。于洋觉得，压铸铝零件的行业，也就是他原来所处行当的下游，在本地还没什么人做，而且压铸的市场肯定不小。具备一定的从商经验，而且对浙江的市场秩序和政府支持有一定把握的黄建锋从于洋这里听说了这个情况，就萌生了去创业做压铸铝的想法。他把这个想法和家里人沟通了之后，母亲和妻子都不太看好，只有父亲表示支持。当他看准路子下定决心创业以后，50多万元的启动资金也基本都是父亲给予的。

讲到这里，他情不自禁地引用了一句王健林的话："清华北大，不如胆子大！"想了再多，听了再多，最终还是要自己去尝试。他找到于洋，邀请于洋当他的创业合伙人。给公司起名字时，黄建锋遵循了中国人的传统：从祖先和本家那里吸取力量。于是他取了武术大师黄飞鸿名字的谐音，给公司起名叫辉鸿

五金。于洋原来做的是上游产业，在行业内有人脉，同时懂技术、懂市场，能拉到订单。而黄建锋则在水泥厂里积累了企业管理经验，也有和政府打交道的经验和政府人脉，同时还有50多万元的启动资金。两个人就这样一拍即合，组成了一个团队。

不同于人们一般印象中的创业者，当我问黄建锋"你在创业过程中遇到过什么困难和挫折"时，他沉思了良久，回答道："没有，好像也没遇到什么挫折困难。企业注册都很快，我们拿着各种证件就去政府跑了一次，不到半个月所有的许可就都办下来了。除了工本费，什么钱都没花。企业发展也就是一个订单接着一个更大的订单，自然而然就发展起来了。"就在我差点相信了他的"没有困难"的时候，他讲出的几个故事却道出了不太一样的事实。只不过这些故事里的"困难"，在他的执着面前被一个个击破。

在初创阶段，订单还都是靠于洋去找他的朋友对接。黄建锋对管理很有一套，但是技术和销售方面的工作就都甩给了于洋。所以就在企业的第二单，他们和下家达成了合作意向之后，黄建锋本以为按照意向数量好好组织生产就可以了，没有想到的是，就在和家人一起享受难得的周末时光的时候，突然一个电话打来把他叫回了办公室。原来是下家看了工厂之后要求追加订单量，并且点名要和公司的实际注册老板交流。看厂和追加产量本是这一行业里的惯例，可黄建锋却对这一情况不甚了解，还以为对方在提出无理要求。好在于洋及时赶来，替他们解除了误会，这才把这一单真正落实下来。从此黄建锋开始明白，合伙是合伙，但两个人不能分工太明确，自己作为真正的一厂之长，必须要在重要的环节独当一面才行。

随着企业的发展，黄建锋要管理的事务越来越多。许多工厂的管理者会将邻近厂区的办公用房辟出几间做自己的办公室，或是将厂房的单独一层设为办公场所。但是在选择办公地点时，黄建锋选择了直接建在工厂里，他们和企业里其他行政管理人员的办公室就设在厂房的一角。数千平方米的昏暗厂房里摆满了工业感十足的大型机械，到处是大汗淋漓的工人，但是不到70平方米的一角则用透明的玻璃挖出了一个小空间，从这个小空间里透出温暖的灯光，飘着咖啡的醇香。

如果不注意玻璃墙外的巨大车床，你甚至会以为这是中关村创业园区里某个互联网公司的办公室。黄建锋说，每次进出办公室，每一个管理者都需要穿过整个厂房，从工人们中间走过，而上班时，管理者随时可以看到外面工人的工作状况，工人们也可以直接望见办公室里的文职人员在一刻不停地接打电话，处理业务。每周黄建锋总要有两三天在这里工作到深夜，直到外面听了一整天已经麻木的机器轰鸣彻底消失，他还要在这里分析完最后几篇报表。他说，不管是工人们离开时看到还没有熄灭的办公室灯光，还是文职人员与技术工人肩并肩地工作，他都希望能给自己的职员们温馨一点的感觉。"虽然现在厂子还不大，说不上有什么企业文化，但是每年的年会，老员工的生日会，我都是竭尽所能地办得让大家感觉到温暖。也许有一天我们像华为一样大了，也可以给每个员工盖一幢小房子吧，哈哈哈！"

给员工办生日会

由于工业生产周期的客观原因，企业资产在大部分时间是以原材料和半成品方式存在的，不到最后的成品销售，大家的资金都很难回笼。在这种情况下为了保证效率，各个加工环节的交易往往都支付30%左右的定金，待下游销售完、资金回笼后才能全部偿还上。黄建锋说："做我们这种大工业品的，信誉再重要不过了。从你这里的资金能回来，人家才愿意和你做生意；同样你也要小心翼翼地找到自己能信得过的客户，才愿意把产品卖给他们。……我采取的方式就是和一个合作伙伴第一笔生意都用现款全部交割，之后就每次都信任他，并且自己不管有多大的困难，也都要把应付账款及时付上，不给自己的信誉留污点。"黄建锋也说："但是如果有人出现了违约，那么以后都要杜绝和他再做生意。"他在无意识中就采取了博弈论中长期博弈的最优策略，用诚信的

公司的先进表彰大会

品质打通了企业长久发展的路。

然而诚信不是那么容易做到的。随着国家"五位一体"总体布局的推进，环保督察力度空前，工业生产难免受到影响。让黄建锋印象最深的是2017年的一单生意，跟买方约定的时间马上就到了，但是铝材供应商却因为环保问题被迫停工，两个月之后才能供货。那几天，他每天急得难以入睡。因为原材料供应商确实开不了工，而误了交货时间自己又不得不承担大部分的损失。口口相传的信用至关重要，坏了一单，以后的发展就会受限。他只好天天跑，天天问"环保督察什么时候能结束""原材料生产能不能再快一点"，还天天跑去跟客户求情，请求对方考虑到这个实际情况，缓一缓要求的交货时间，最终努力的结果是客户答应了延迟一个月交货。这一个月的时间里他的工厂加班加点昼夜连轴转，他宁愿给工人多付加班费，让设备折旧更严重，也要按时按量做好，最后顺利完成了这一单。从那之后，黄建锋对每一单的衔接上都多了个心眼——留出环保关停带来的时间差。

经过四年的发展，辉鸿五金的固定资产价值已经从初始投资的50多万元增长了十倍，达到了500多万元，而每年的产值也达到了3 000万元以上。但是，贴牌加工的微薄利润并不能让黄建锋满意。他计划从2019年开始不但要延续之前的贴牌加工业务，保持在每一生产周期扩大产能的节奏，更要利用积累的资金、经验和与品牌厂商打交道过程中对其运营的理解，拓展自主品牌业务。他想要先从技术相对成熟而且与当前生产比较接近的电脑支架和门框、窗框做起。据他所说，经营得当的自主品牌，利润率甚至可以超过贴牌生产20个百分点。为此，他正不断地了解相关信息，为自己的"辉鸿牌"支架和门框做好准备。对他来说，创业一直在路上。

最后黄建锋总结道，成功创业前的每一次转折变化都是一次考验，正是要做出一番事业的执着驱使着他不断思考新的方向，开拓新的商机。而所谓的人脉，不管是商业上的也

黄建锋（中）与访员们合影

好，政府里的也好，本质上也是诚信的一种自然结果。现在依然走在创业路上的他，并没有感觉到自己的路有多么艰难，而是不断地在总结成功的经验。虽然经历过一些在他自己看来可以忽略的艰难和挫折，但是他坚信未来是可以凭着自己的执着和诚信继续由一个成功走向另一个成功的。与他对未来的信心不同，他对现在生活的满意程度却明显低于很多我们访问到的普通员工，尽管他的生活比起他们要富足许多。"毕竟我的追求更高嘛，当然对现在不够满意，"他说，"所以我一直相信明天会更好。"

调研者

苏冶成
北京大学 2016 级本科生
2018 年浙江调查

起落三十年，餐饮梦重现

受访人：梁文亮（河南）

香酥馍，精细肉，缀之以青椒，辅之以汤汁，顾客一餐间，梁总三十年。

初见梁文亮老板，其面色和蔼却是双目炯炯，略带风霜却是气质坚毅。简约现代的办公室内，"诚信赢天下"几个大字透着庄重严肃，半面墙的毛主席画像带着20世纪的朴素与真诚。在这新与旧交织、现代与传统碰撞的环境里，梁老板正忙着处理公司事务、面试应聘人员，一切复杂、烦琐而又井然有序。

炎炎烈日下的洛阳西工区，老梁家肉夹馍店内熙熙攘攘；凉风习习的写字楼里，梁老板侃侃而谈。从少年时期开始潜心餐饮，到轻信他人一朝满盘皆输，再到东山再起、携新理念创销售奇迹，梁文亮老板的起落浮沉，与老梁家肉夹馍的故事一起，吸引着我们一窥餐饮业经营的现状，领略一代草根企业家创业的重重艰辛与成功的累累硕果。

起：只身创业，潜心学艺做餐饮

时间回转到1988年，那时的梁文亮还是一个18岁的青涩少年。依家乡的惯例，男孩子受教育并不重要，能够进城谋个差事就好，于是那个年龄的他们，便不得不离开学校步入社会，独自谋生。在建筑工地上跟着包工头干了一段时间之后，年轻的梁文亮厌倦了这种单一重复的打工生活，听闻邻居在洛阳经营豆腐脑生意收益尚可，他便怀揣仅有的17.5元钱，踏上了从老家商丘去洛阳的火车，开启了在洛阳市西工区的新的人生篇章。

邻居卖的是豆腐脑，梁文亮率先选择的便是与之有着良好互补关系的肉夹馍生意。然而鉴于技术并非祖传，做小吃又对手艺要求较高，梁文亮首先选择了在别家做一名学徒。起早

访员们与梁文亮总经理（中）的合影

贪黑跟着师傅干活儿，悉心琢磨肉夹馍的制作工艺，时刻留意小吃摊的经营技巧，素来吃苦耐劳的梁文亮潜心学艺，日子虽忙碌却也充实美好。

"我觉得我可能有做美食的天赋"，谈及彼时，梁文亮笑容淳朴又心怀感恩。这个擅长做美食的年轻人很快出师，着手成立了属于自己的店铺。做学徒的日子并无支出，梁文亮手里的全部资本，仍然是从家带来的那17.5元钱。7元钱一袋的面粉，几角钱一斤的肉，所幸物价不贵，成本尚可。梁文亮和妻子负责经营，又从老家叫来弟弟和侄子做帮手，都是自家人，管好食宿即可，亦无须支付工钱。一隅小铺，几位亲人，一款鲜香热乎的肉夹馍，梁文亮的生意就这么做了起来。

劫：轻信发小，十年积蓄一朝无

日子一天天过去，不大的肉夹馍夫妻店倒也生意尚可，一家人忙忙碌碌经营着，生活的烟火气之余也是岁月静好。就这样到了2011年，不测风云悄然而至。

从小一起长大的朋友在内蒙古做建材生意，看起来生意做得红红火火，朋友邀梁文亮一同前往，希望获得他的资金支持，当然也希望一同发家致富。知根知底的朋友，表面光鲜的致富机会，勤勤恳恳十几年不甘平庸的梁文亮同意了，他带上经营肉夹馍生意攒下的全部100多万元的积蓄，与发小一同远赴内蒙古。

然而造化弄人，梁文亮万万没有想到，三年之后的2014年，彼时拥有六个工地、做着十几个亿的工程、家中最便宜的车是奔驰的、自己最熟悉的发小，居然会一朝亏损，债务无力偿还，其人锒铛入狱。梁文亮十几年悉心经营攒下的辛苦钱，在一夜间血本无归。

言及此处，梁文亮拿起桌上的文件指给我们看："你们看，'北京××建设集团内蒙古分公司总经理'，这份文件我一直留着，我永远也忘不掉这个名字。"

"现在他入狱四年了啊，还有至少九年，"梁文亮望向远方，平和的语调下不知藏着多少感慨，"最信任的发小，这可是当年最信任的人啊……"

兴：东山再起，孤注一掷操旧业

2014年，那大概是梁文亮最为艰难的一年。积蓄再无讨还的可能，但是父母年迈，儿女尚幼，生活不得不继续向前。

"做餐饮业是不会赔的，只要有纯熟的手艺和诚信的口碑。"怀揣这一坚定的信念，梁文亮决定重拾自己的老本行。在考察当时的肉夹馍等小微餐饮业市场后，梁文亮意识到肉夹馍的生产工艺属于传统类型，短时间内不会有大的发展变革，但是新型的酥皮肉夹馍的市场要好于自己前些年做的以白吉馍为原料的肉夹馍。经过仔细考量，梁老板最终选择了经营酥皮肉夹馍这一产品，重拾餐饮之梦。

然而巧妇终是难为无米之炊，手中只有5 000元的梁老板甚至无力支付孩子课外补习班的费用，重新创业又谈何容易。他向家里人东拼西凑了5万元，依然不够一家店铺的起步资金。所幸在内蒙古打拼了三年的梁文亮积累了些许人脉，一起奋斗过的六位兄弟协力相助，总算为梁文亮凑齐了30万元的本金，帮助他重整旗鼓，再操旧业。

第一家店铺开在了地理位置并不够好的地方，周围的顾客主要是做修车生意的。但是梁文亮在开业前夕做了翔实的调查和充分的准备，经营之际事事亲力亲为，务必精益求精，很快凭借高超的手艺获得了顾客的一致好评，大家纷纷表示这里的肉夹馍最为美味，店里的生意也是日益兴旺。短短三个月，梁文亮的产品便获得了市场的极大认可，超过 40 万元的收益让他一举偿还了欠下的所有债务，"老梁家潼关肉夹馍"的品牌一炮打响。

东山再起的梁文亮不再满足于单一的夫妻店经营模式，开始探求连锁经营的创新模式。随后，"文亮餐饮服务有限公司"挂牌成立，几年间，"老梁家潼关肉夹馍"的牌匾如雨后春笋般出现在洛阳的大街小巷……

望：揽贤创新，前路辉煌展宏图

时至今日，文亮餐饮服务有限公司旗下的"老梁家潼关肉夹馍"已经拥有了 200 多家分店，遍及洛阳数个区县、河南诸多地市，还走向了国内其他重要省市。梁文亮已经建立起自己的厂房，将一整套现代化生产经营模式运用得淋漓尽致。在洛阳总部的厂房内，工人按照严格的标准在当地统一采购所需要的原料并对其进行初步加工，随后通过发达的物流系统配送到各地的门店，由门店的工作人员依照固定工序完成食物的全部制作过程，以保证加工过程的安全卫生、产品口味的新鲜醇正。

随着产业规模的不断扩大和消费者需求的逐渐多样化，梁文亮及其团队不再满足于单一肉夹馍产品的销售，而是不断推动经典产品的创新与周边产品的开发。现在的老梁家潼关肉夹馍将传统肉夹馍的肉质分为普通、纯瘦和优质三种，同时还经营米线、酸辣粉、肚丝汤与凉皮等二三十种小吃，种类丰富多样，给顾客带来了更加丰富的餐饮体验，提供了更为多元的选择空间。

梁文亮同时注重与时俱进，采用新媒体对公司进行宣传。公司登录美团平台，定期开展降价打折活动，在扩大产品影响力的同时让顾客获得真正的实惠。此外，公司还制作了自己的官网，利用各种中介平台宣传产品、发布招聘信息，以最大限度地利用各种资源，促进公司发展。

四年下来，公司的利润早已无须担忧，梁文亮现在最为重视的，是新型人

老梁家潼关肉夹馍产品

才的培养和团队的打磨。文亮餐饮服务有限公司并不刻意任用梁文亮的家里人，公司自下而上的成员均是经过严格的招募和审核，因而管理体制十分扎实，为不断扩张打下了良好的基础。"你们跟着我，一定会真正得到实惠，但是你们如果有了更好的发展机会要离开，我也决不会拦你们"，我们采访之前，正逢梁文亮在面试一位年轻人，大概是因为候选人资质非凡，一个小时左右的面试，大半时间是梁文亮在侃侃而谈，从公司的经营状况，到对年轻人未来的发展规划，梁文亮一一详细阐释，其求贤之若渴，惜才之情切，实是令人敬佩。

谈及未来，梁文亮坦言，公司在注重规模效应的同时也要不断进行产品制作工艺的创新，"生态产品"是他的下一个目标。"21世纪了，人们越来越讲究吃得绿色健康，如果我们能提供采用完全绿色无污染原料的产品，一定能获得消费者的青睐。"自有的规模化生产厂房，完善的运输制作体系，加之团队的远见卓识，梁文亮实现这一目标，想必指日可待，文亮餐饮服务有限公司的前路，亦将是一条坦荡通途。

重品质，讲诚信，一汁一菜的精益求精，一言一行的爱才惜才，这或许就是梁文亮30年经营红火的最重要的生意经。从最初小小的个体户夫妻店，到今日做大做强的文亮餐饮服务有限公司，除了对品质的一贯追求，创业思维方式的转变、对当下新生事物与时代大势的准确把握亦是梁文亮不断前行的制胜法宝。餐饮业的成长，承担的是最基本的温饱责任，寄托的是国人对于美食与健康的追求，唯有踏踏实实做事，本本分分经营，同时借以时代发展的东风，找寻最适合自身发展的经营模式，方可于激烈竞争中留存下来，觅得独属于自己的一席之地。

本是安稳的夫妻店小老板，却在一朝改行建材、试图寻求新的致富机会之后亏到血本无归，退无可退的梁文亮终是破釜沉舟，老梁家潼关肉夹馍连锁与文亮餐饮服务有限公司正似凤凰涅槃、浴火而生。我们访寻了诸多企业家，悉知创业鲜有一帆风顺，人脉、机遇、决断，一着不慎，便有可能满盘皆输。然而坎坷亦是打磨，挫折焉知福祸，如果不曾被失败逼至穷途末路，或许梁文亮只是安于生活，无此心志奋勇而前；如果不曾在转行之时感受新的世界、产生新的思考，或许梁文亮也无从接触现代化的经营理念与营销方式，难见今日文亮餐饮的辉煌红火。纵然创业实苦，时遇难料，企业家信念的坚定、品质的顽强，才是激励他们愈挫愈勇、帮助他们走向成功的力量根源。

"风再大，雨再狂，也不能赖床；身再累，心再忙，也别丢梦想；山再高，路再长，也要向前闯。"这是梁文亮写在朋友圈里的一段话，也是一代草根企业家创业心路的真实写照。今朝中华，有创业之风扶持与政策甘露滋养，有社会各界的勤恳辛劳与摩拳擦掌，愿民营企业家们能不断胜坎坷重归坦荡，愿小微企业终能破巨浪乘风而上。

徐萌
北京大学 2016 级本科生
2018 年河南调查

大海无边天做岸，高山有峰我为顶

受访人：梅建（甘肃）

初见梅老板，他正躺在办公室的沙发上休息，脸上带着疲态，可能是因为昨天加班到很晚的缘故。他稍作收拾，便开始接受我们的采访。他所述说的坎坷崎岖的经历，让我对面前的这个年轻人刮目相看。

梅建15岁便从初中辍学，到了银川一家广告公司打工做学徒，本以为又是一个叛逆青年不爱读书、立志闯荡社会的故事，可后来听梅老板娓娓道来，我才了解了其中的苦衷：原来他初中时成绩十分优异，每次考试的数理化成绩基本都是满分，获得的奖状贴满了半面墙壁，他还担任班长。那时候上高中，每个学校有一个保送名额，成绩长期排名全县前三的梅建甚至主动让出保送名额，有信心通过考试升入泾川一中。

可是天有不测风云，梅建的父亲生了一场大病，需要一大笔钱做手术。拮据的家庭经济条件使得梅建面临上高中还是用学费给父亲治病的抉择。谈到因为没钱而辍学的决定，梅建丝毫没有感到后悔："继续读书的话，还得花费十几万元，出来挣钱，不光不用家里的钱，还能挣十几万元给家人用，这一进一出就是三十万元，不小的数目啦！"眉宇间透着一股男儿当自强的骄傲劲儿。

办公室里的梅建

命运坎坷的他远谈不上年少得志,但是也在 17 岁那年闯出了一些名堂。因为工作得力并且深受老板信任,原东家把工程部的人员和技术全部独立出来,成立了一家新的广告安装公司,由梅建出任总经理,和合伙人并列大股东,作为实际控制人管理公司。本以为前方是一片坦途,可谁知命运又和他开了一个不大不小的玩笑。

那是一次和往常一样平常的出工任务,年仅 18 岁的梅建独自带队奔赴内蒙古,做高速公路的广告牌安装业务。他的合伙人因为生病,所以留守公司。等到梅建他们从内蒙古完工回来时,发现公司的铁帘门紧锁。据他自己描述,拉开卷帘门时看到的景象,他一辈子也不会忘,他和出工的七个工人在原地足足愣了一分钟才缓过劲儿:

门面房里空空如也——搭舞台用的雷亚架、行架,铺设用的舞台板子,杂七杂八的电动工具全都没了,公司仅有的两辆工程车也不见了踪影……现实的冷水一下子泼到梅建的脸上,他这才意识到:被骗了,合伙人带着公司全部家当跑路了。可梅建不敢相信,骗他的竟然是和他朝夕相处、情同手足的合作伙伴。"人心真是复杂,你永远不知道一个你那么信任的人会在下一秒欺骗你。"梅建回忆起当初的种种,眼睛里竟泛起了一丝泪光。

这个只有 18 岁的男人没有回家,在把去内蒙古跑业务赚的十万元钱平分给工人后,他带着仅有的一点积蓄在一家宾馆住了下来。腊月二十九,本应该是家人团聚的快乐时光,可是他却不敢回家过年。因为他害怕,害怕家里人伤心——儿子一年来的积蓄就这样打了水漂。

接下来的两个月可以说是梅建一生中最无助绝望的时光——他在床上躺了整整两个月,饿了就点个外卖扒拉两口,渴了就喝口水,睁开眼就冥思苦想,他的合伙人是不是因为有难言之隐才选择不辞而别;闭上眼,那一幕就开始在他的脑海里盘旋,像挥之不去的梦魇。他活得已经没有了人样——胡子蓄了三五厘米不刮,头发都长到耳根后面,整个人像一副没有灵魂的空壳……

在这期间,他原东家的老板登门劝说过,原公司的同事来安慰过,可这都没有让他的情况有丝毫好转,他已经对生活彻底失去了希望。最后实在没有办法，老板带着几个员工生搬硬扛，硬是把梅建用车拉到了公司，希望用这种方式唤起他东山再起的念头。为了让他散心，老板第二天晚上更是和他一起攀登了贺兰山。面对老板出于好意的激将，梅建却压抑不住内心的怒火，和老板在山顶直接干了一架……几个月来堆积的憋屈、无助、愤怒，在这个时刻终于得到了释放。经过贺兰山顶一夜刺骨的寒风后，梅建清醒了，决定要振作起来。

后来他又在银川给人打工，可一向要强的他忍受不了寄人篱下的委屈，决定回到家乡泾川，开办一家属于自己的公司。那年，他20岁。当谈到最初创办这家公司的时候，也有好多诉不完的辛酸史：前脚进入一家公司准备拉广告装饰业务，后脚还没走出公司大门，人家就已经将他的名片扔进了垃圾桶。回到自己店里瘫坐在椅子上，妻子端来一杯水，拍拍肩膀安慰安慰，他收拾好情绪，又继续出门，谈下一家公司。更有一次，他连续登门拜访一家公司十几次，才勉强获得了那个订单里极小的一部分业务，"我脸皮厚，老板脸皮薄，都十几次啦，一点也不给我，他自己都不好意思。"梅建用一种自嘲的语气讲述着这次经历，可我却听得出其中的辛酸和苦楚：没有人生来脸皮就"厚"，但为了混口饭吃却不得已而为之，这就是生活。

虽然缺少资金，但是梅建身上有一种企业家的特有品质：善于思考，勇于创新。他发现泾川县的垃圾桶都是地槽式的，如果能做一种广告灯箱和垃圾桶结合的设计，既环保又美观，可谓一举两得。但就在他准备付诸实践时，这个业务被兰州一家广告公司捷足先登了。"后来泾川县街道到处都是这种广告灯箱"，梅建在讲述时显然有着因为资金不足而无法动工的遗憾。

善于观察、勤于思考，使得这个年轻人能够源源不断地扩展业务内容。而勇敢、富有冒险

梅建（中）与访员们合影

精神则让他比其他的企业主获得了更多机会。就在其他受访者还笑称"一带一路"项目离他们遥不可及时,梅建就已经在银川的博览会上接触到一批阿拉伯人,他们告诉梅建,中东有很多新建的配置豪华的城市,但是却没有入驻的广告牌。这让梅建看到了商机,看到了外面世界的无限可能。

兰亭文印宣传标语

2018 年,梅建 24 岁,已经有了一个幸福美满的家庭,一个一岁的可爱女儿。总被命运捉弄的他在承受了两记生活的重拳之后,稍稍站稳了脚跟,但公司未来的发展还要靠他一步一个脚印地去拼,美好的前景只有靠他用努力和汗水去争取。

正如他的泾川兰亭文化公司的口号——"大海无边天做岸,高山有峰我为顶",我看到了这个血气方刚的好男儿宽广的胸怀和一种锐意进取、永不言败的宝贵品质。

调研者

张寒堤
国际关系学院 2015 级本科生
2018 年甘肃调查

那些含苞待放的花儿

受访人：翟文学（甘肃）

孵化器，原指人工孵化禽蛋的专门设备。引申至经济领域，企业孵化器的功能就是在企业创办初期或者遇到瓶颈时，提供资金、管理、资源、策划等支持，从而帮助企业做大或转型。企业孵化器在中国也称高新技术创业服务中心，它通过为新创办的科技型中小企业提供物理空间和基础设施，提供一系列的服务支持，进而降低创业者的创业风险和创业成本，提高创业成功率，促进科技成果转化，培养成功的企业和企业家。企业孵化器在台湾地区叫育成中心，在欧洲一般叫创新中心。[1]

调查小组在白银区中小企业创业基地管理委员会

我最初接触到"企业孵化器"这一名词是在小组集体去甘肃白银市白银区中小企业创业基地管理委员会的时候。据了解，到目前为止，白银科技企业孵化区累计孵化企业162家，入驻117家。而我接下来要讲的企业家故事，也发生在科技

---

[1] 摘自百度百科词条"企业孵化器"，http://baike.baidu.com/item/企业孵化器/3682792?fr=aladdin，访问时间2018年12月25日。

企业孵化器园里。

这家企业名叫甘肃地平线装饰工程有限公司，坐落于白银市高新技术产业园区内。访问这家企业可谓三顾茅庐，因为翟文学总经理去兰州出差的缘故，所以我们要反复登门拜访打听归期，终于在园区负责人江小明先生的帮助下，于7月24日上午10点半左右见到了翟总。

队友和我来到办公室门口时，翟总正在打电话，映入我们眼帘的是一间会议室和办公室二合一的屋子，里面有办公桌椅，两个员工桌配着台式电脑，老板单独一个办

科技企业孵化器园内

甘肃地平线装饰工程有限公司

公桌，上面摆放着办公用品和盆景，总体装饰很别致。我们等了一会儿，翟总招呼我们坐下。短短的几个小时里，翟总电话不断，让我们感受到了创业者的忙碌。

"我们这一行不容易干，'游击队'多，像我们这种'正规军'给别人做室内设计和施工是真的难。白银市流动人口少，经济也不景气，房子虽然盖得不少，但却卖不动，买的也都是一些普通老百姓，我们只做做简单的装修。"翟总说道。

"我毕业后一直都在新疆，做的也是建筑装饰和装修的行业，那个时候我

在公司的业绩是很好的,一直都在拿高薪。当然,我对建筑装饰也有着浓厚的兴趣,所以后来才想着自己干试试。我之前在新疆,是先工作后创业,新疆的那次创业是我的第一次创业。当时年轻气盛,想在建筑装饰行业闯出一番新天地,于是就和原在新疆公司的两位同事联合起来一起创业。"翟总说到自己的创业史非常兴奋,滔滔不绝地讲起来。

"我再给你们讲讲我那位后来非常厉害的前同事吧。以前是我们仨一起创业,那时经营得不是很好……经营了大概两年左右,我因为家庭的缘故离开了新疆,另一位同事也因事离开了新疆,我们便把所有股份都转给了这位朋友。在我们走后,他仅用了三年的时间就占领了新疆近一半的房地产装饰市场,这主要是因为他在我们走后又找到了两位非常优秀的创业者——一位是资金非常雄厚,另一位则是能力十分突出。他们起先大力使用广告宣传把自己公司的名声打响,再招贤纳士把企业运营得越来越红火……所以我觉得做企业,资金、人才和市场一个都不能少。"

说完,他抿了一口茶,脸上泛起红潮,眼睛眯起来,望着窗外公路上来往的车流,许久又讲道:"新疆是个潜在市场,人口流动量也可以,而且做贸易也是好选择。在新疆做生意是不错的。我回家的原因,大概也是为了父母妻儿吧,一家人总要聚在一起,钱只要够花就好。当然了,还是要相信自己家乡是有发展潜力的。"

当被问到"您是否关注过'一带一路'倡议"时,他说:"是在关注的。在白银,建筑装修行业一直起不来,每年也都处于亏损状态,所以今年我打算不只专注于这一个行业了。企业孵化器园区有很多企业家,我们有几个企业家想联合起来聚焦茶业,抓住'一带一路'带给甘肃的难得的历史机遇!"翟总说这些时面带笑容,这种笑容十分具有亲和力和感染力,让人感受到了变通和机遇带给人的希望。

确实如此,甘肃省无论是在地理位置上还是历史长河中,都是古代丝绸之路上的关键地带,是通向新疆的重要交通枢纽,同时也是与亚欧其他国家进行商贸往来与交流的重要交通枢纽。虽然甘肃省的经济还处于缓慢增长的时期,但随着"一带一路"倡议的实施，相信会有量变到质变的飞跃。

后来谈及"您觉得大多数人是可以信任的，还是和人相处越小心越好"时，他回答"大多数人是可以信任的"，并且给邻居、陌生人、本地政府官员等几类人的信任程度都打了较高的分数，他补充说道："商人啊，真的是无商不奸。这是我从商这么多年来感受到的，而我可能真的是过于厚道，也可以说是善良。

翟总（中）与访员们合影

就譬如说，职员离职，我都是当天就给结工资，从不拖欠，不像别的公司，能拖欠好久。"

我们又问："那您的孩子长大后，您是否期望他继承您的企业呢？"他答道："不希望，因为太累了。其实做父母的没有哪个是希望子女一定要功成名就，一定要为世界做出贡献的。就像马云的父母，他们也是没有料到自己的儿子会获得今天的成就。其实只要孩子健康、幸福、快乐，我觉得做父母的就会很满足。"通过这段话，我能感受到一位西北硬汉父亲对子女的爱与柔情。

除此之外，在访问中，翟总对国家政策一直地赞扬，说道："现在国家政策好，帮着咱创业，免费提供场所、设备，等咱们企业成熟了，翅膀硬了，再让咱们往外面的天空飞。"

提到幸福指数和对自己生活满意程度时，翟总打的也是高分。他说："哈哈，现在就是缺钱。除了这个问题我其他一切都很好，很满意，家庭美满，朋友之间也处得很好。"

结束访问已是正午，此时此刻阳光灿烂，投下了长长的金色的光芒，光芒洒在四通八达的公路上，洒在鳞次栉比的建筑物上，洒在这位企业家的身上，白银在这一刻给人一种充满希望的感觉。愿所有在企业孵化器、创业园内的企业家们都能够绽放出属于自己的光芒！

田钰

山东交通学院 2014 级本科生

2018 年甘肃调查

这是一个普通的故事，却不平凡

受访人：王雯己（甘肃）

高台之印象

  八名学子，来自四方；十二日西行，用脚步丈量高台城。一条名为 G312 的国道穿行而过，接二连三的载货汽车呼啸疾驰，它们是全国经济发展的细胞，承载着喜人的活力与未来——而在 G312 两边延展铺开的高台县和生活在其中的人们，虽日日夜夜与国道相伴，却更多的是旁观者的角色；不过，十二天的寻找和倾听，也让我记住了属于高台县和高台人们自己的一些故事。

  高台县，位于甘肃省西北部。在这一片陇西土地上，既有七彩丹霞的璀璨夺目，也有西路军血战高台的悲壮史诗；在社会主义市场经济的大环境里，高台县也催生出了许许多多的"经济细胞"。

敝境中找寻

  "下一位受访者叫作王斐己，经营的企业是高台县车水马龙汽车美容会所。"我的队友看着手中的纸质名单对我讲道。西北夏日的阳光照射在名单上显得很刺眼，尽管已是北京时间 18 点，烈日仍然没有丝毫收敛之意。我们确定好注册地址——汉唐文化街 5 号楼一楼门店，便戴着帽子出发了。其实我们已经身处汉唐文化街了，不过并不知道我们在几号楼旁，因为街上的每一幢楼都没有贴楼号。更重要也更出人意料的是，作为商业街区的汉唐文化街，却满是紧锁的玻

王先生和父亲正在工作

璃大门和堆积在门后被上一任店主废弃的建筑垃圾，各个建筑基本都是人去楼空。通过观察建筑的外墙和装饰物，不难发现，这是一个新建成不久的"商业区"，此时的大街上，除了我和队友，别无他人，凋敝之境，不由得让人唏嘘。

我们继续往汉唐文化街中心走去，终于，一家开在两个紧闭大门之间的商店映入眼帘。上前询问之后，得知目标企业所在的汉唐文化街5号楼仍在前方。知道方向对于身心俱疲的我们来说宛如炎炎夏日里的一口清泉。其实，在找到车水马龙汽车美容会所之前，整条大街活力的缺乏已经让我们对这家被访企业已经关闭的状况做好了思想准备。

拐角，转身，一间门店突然出现在眼前！抬头，果然写着"车水马龙汽车美容会所"！门店开间宽阔，有两三间普通店面那么大，在容下一辆轿车清洗之外，还设置有配件销售间和办公间。

我们说明来意之后，王先生欣快地答应了采访请求。在交流的过程中，我们才知道，店里的另一位年龄稍大的工作人员是他的父亲，不过这都是后话了，接下来，王先生的故事，开始了。

初入佳境

最初，王先生向父母提出自己创业、开汽车美容店时，父母不同意，他便一边上班，一边给家里人做思想工作。经过三个月耐心的交流，和家里人的沟通逐渐显现出了成效。那时，尽管家人仍然不是很支持王先生自己开店创业，但值得欣慰的是，家人改变了三个月前坚决反对的态度。

在当时，22岁的王先生只有工作积累下来的4万元，可是想要从无到有置办一家店铺，需要店面租金、设备资金等支出，合计起来所需的初始资金是他远远无法承担的，因此，对于一位想要创业的年轻人而言，获得家人的支持和帮助至关重要。成功说服家人之后，家人又提供了 6 万元资金，王先生便有了 10 万元的启动资金来开启自己的创业梦想。

2015 年，经过辛苦筹建的店铺在高台县正式开业了。店铺的主要生意是小汽车的美容装潢，主营业务包括汽车清洁、汽车座椅销售、车载系统升级和更换、车内配饰销售等。所有的业务基本上都是王先生亲自操作。

2015 年刚开始的一段时间，按王先生自己的话讲，"生意很不错，效益也好"，因此店里又招聘了 4 名员工。到 2015 年年底，王先生按揭贷款买了一辆私家车，因为刚开始的生意不错，也有跑业务和提升生活品质的需求，而且当时身上也还没有偿还贷款的压力，如果店里的生意维持下去，每月按时还贷是没有问题的。

寒冬陡降

然而好景不长，2016 年的一系列变故致使王先生的创业路程进入了"寒冬"。为什么在 2016 年汽车美容店的生意会大幅下滑呢？原因之一是整体的经济环境不景气，"老百姓手里没有钱，也不愿意花钱"，在访问高台县其他服务行业的商家时，大部分人提出了这个观点。另一个原因，也是高台县汽车行业的内部原因，这与高台县汽车美容装潢行业的特性有关。作为一个农业小城，高台县常住人口在农忙季节约为 3 万人，在农歇季节也就是冬季约为 5 万人，因为许多农民在农歇季节进城居住，总的来说，县城人口比较稳定，因此，高台县的小汽车拥有量的变化也并不大。而且，汽车美容装潢是一项长期性的服务业务，一辆汽车在经过清洗美容之后，还会有下一次的需求，因此，与客户建立长期关系很重要，除了将自身业务做好，汽车美容装潢业的一种普遍做法便是采取会员制。问题便因此而生，在 2015 年和 2016 年，高台县许多汽车美容装潢店与客户建立了会员关系并且收取了大量会员费，但因为生意不景气等原因，一些店铺纷纷倒闭，老板跑路，也不退还会员费，这导致许多车主对汽车美容装潢店极为排斥，整个行业的服务提供者很难获取消费者的信任。这两点对王先生的汽车美容业务无疑是极大的打击。

背负汽车的按揭、店铺的租金，王先生已入不敷出，公司财务基本处于亏损状态，只能通过向朋友借债来勉强维持，越往后累积就借得越多，王先生前前后后共借得 7 万余元，而他当时却没有偿还能力，碍于情面，也不再找朋友借款。王先生又转向民间私人贷款，先后通过网贷借得大约 3 万元。

对于王先生而言，借款是为了弥补流转资金的不足，以维系生意和生活，其固然有周转的作用，但是，网贷的高额利息却给他施加了更为沉重的压力，在生意不景气的情况下，好比雪上加霜。据王先生所说，3 万元的网络贷款，一个月的利息就得付近 3 000 元——这是一个深不见底的洞。

2016 年那段日子，于王先生而言，生意前途未卜，外债缠身，艰难困苦，如若熬不过，前途渺茫，可是，身处其中，谁又能知道，熬，就能熬过去呢？他自己说道："想过放弃，但是自己选择的路，放弃了面子不好过，没办法也得坚持，骑虎难下，倒闭是下策。"

迎来转机

情况出现转机是在 2017 年，转机的来源是政府提供的创业贷款，创业贷款的利息自然远低于之前私人网贷的利息。王先生通过政府网站了解到政府提供了针对小微企业的扶持政策，成功申请到 10 万元的政府创业贷款，两年的利息总共是 8 000 元。这 10 万元的创业贷款中，王先生自己使用了 6 万元，他的担保人使用了 4 万元。利用低息的政府创业贷款，王先生偿还了剩余的网贷，自己手中还余下 3.5 万元。之后，王先生关闭了开了两年的店铺，利用其中的 3 万元作为押金置办了新的店铺，也就是我们这一次访问的样本店铺：汉唐文化街 5 号楼一楼的门店。因为免租金一年，也不需要大规模购买新的设备，所以企业换新址的过程还算顺利。

新店的面积是以前店铺的两倍，经过店铺的升级，王先生的车水马龙汽车美容会所拥有了更大的空间，可以承接更多的业务，展销更多的产品。更重要的是，自创业以来，经过两年左右的苦心经营和悉心服务，王先生的服务获得了较多汽车主的信任，到2017年店铺也拥有了300余名常驻会员；另外，由于高台县许多坚持不下去的汽车美容装潢店铺纷纷倒闭，整个行业环境有了改观。综合上述原因，王先生店铺的生意也开始逐渐恢复。

对于开店做生意的创业者而言，最大的转机便是生意好转，生意好转就好比水源处的冰雪融化，涓涓流水汇聚一齐，趟过沟壑蜿蜒，滋养生灵万千。

期许未来

直到我们采访王先生之时，车水马龙汽车美容会所已经拥有近400名常驻会员，还有许多散客前来交易。讲到现在的生意来源，王先生说道："全靠三年多熬下来的老客户，很多新客户都是他们介绍的。"除了这种老客户介绍的模式，王先生还与银行合作，通过银行进行广告宣传。

说起未来，王先生已经有了较为清晰的目标。在2016年按揭、房租、网贷偿还三座大山的压力下，因为生意前景的不乐观，王先生处于"煎熬""骑虎难下"的状态；而现在，生意的未来可期，尽管仍然还有2019年4月需完成的小汽车按揭、政府创业贷款和朋友借款共10万元左右资金的清偿以及租金的支付，王先生对自己的未来却拥有了更多的期待和信心，他仍怀着最初说服家人、投身创业时的勇气，不同的是，在那份勇气里，经过三年的起伏，沉淀出了成熟和坚韧的气质。

王先生预计，到2018年冬天之后，所有的借款和贷款能够清偿完毕，在那之后，便

访员与王先生（右）

对店面进行迈向中高端档位的升级，并聘请几位店员，着力打造具有自身特色的汽车美容装潢服务。尽管有这样的规划，王先生仍然担心，毕竟高台县不是一个富裕的县城，如果自己向中高端转型，需求端也许会出现问题。

当问到未来有没有与政府进行合作进行公车美容竞标的计划时，王先生说曾经有过打算，可是最终没有成功。当水深没膝甚至紧逼口鼻时，贸然进入，将充满危险。

故事的最后

相比起一些人们津津乐道的创业故事，王先生的故事并不激昂动魄。不过，在我看来，王先生的故事真实，让我真正想要去思考：创业，代表什么？不同的人对这样的问题会有相异的回答，而从王先生的故事里，我得到的答案是，创业是生活，是成长。这或许是中华大地上千千万万不起眼却又不平凡的创业者会给出的答案，而每个人的答案，因为生活的不同，因为成长的不同，变得千差万别，又精彩纷呈。

很难想象，如果没能挺过"寒冬"，王先生和他的家庭将会去向何方。故事些许普通，却一点也不平凡。

故事的最后，关于创业，关于生活，关于成长，王先生讲道："第一，目标必须有；第二，花钱可以，前提要能挣钱；第三，心态要好；第四，要有压力。就我而言，没有十几万元的外债，也就没有了鞭策我的动力，没有这个动力，我也就坚持不下来，坚持不下来，一切，都是空谈。"

罗杰
北京大学 2016 级本科生
2018 年甘肃调查

凫谷老人的创业故事

受访人：凫谷老人（甘肃）

汽车在山路十八弯的尽头终于不能再前进了，我和小伙伴遂以步代车，在村社长的带领下走着别人走出的"路"。几番辗转，终于找到了凫谷老人。初见时，老先生顶着一顶破旧的帽子，衣衫褴褛，正在田地里干活。凑近后，他一开口，我们就迅速被他极富生命力的磁场吸引住了。在他的庄园坐下后，我们郑重地道明来意，老先生风风火火地下瓜地里抱出两个西瓜，以作接待。接下来与他畅谈的七个半小时里，我们可谓如沐春风。

榆中县北山远景

娓娓诉平生

老先生生于农村，长于农村。尽管祖母曾是大户人家的小姐，父亲上过私塾，但后来因为时代原因，父母都成了日出而作、日落而息的农民。

凫谷老人天资聪颖，从小学习成绩就很好，以全县中考第二名的成绩开始

龛谷老人（右）与访员

了高中阶段的学习，奈何高中三年后赶上"文化大革命"，成了"老三届"中的一员，曾梦想跃出"农"门的他就这样失去了改写命运的机会。重返农村几年后，他先是被粮食局推荐到兰州大学进修学习，后又通过刻苦学习考入兰州大学，成为名正言顺的兰州大学的学生，他学的专业是马克思主义哲学和政治经济学。毕业后，他由县长选拔为政府秘书，县政府换届后，他又被调任为县体改办公室主任。但他认为书记并非他理想的领导，遂辞去职位，于1992年担任县建设银行行长一职。1998年行长任期结束后，他遭遇了一场车祸，在家静养了两年。

龛谷老人有貌美贤妻、独子和两小孙儿。其子退伍后，因过失错过安排银行工作的机会。其妻很早就从国企退休，原本打算做家庭主妇，迫于形势，在县城开了一家茶馆，日子又变得繁忙起来。

在述说时，老先生只是用他那一腔江湖侠者的口吻轻描淡写地讲述着这段经历，还告诫我们，不管遇到什么都不能自杀，人到谷底，也自然会逐步向上走出来的。古道热肠、泰然自若的老先生大概是遇到过一些巨大的人生波折。

儿子失业，妻子再创业，大概是如今已年过七旬的龛谷老人舍弃安逸的退休生活，选择到旱源来开创农庄的一个重要的现实因素。

艰辛创业路

创业那年，龛龙老人已经退休，66岁。这5年来，他一直在榆中县荒凉的北山中精耕细作承包期为30年的土地。

原单位经济困难的厨师，跟他一块出资10万元注册了现在这家农业公司（事实上是一个农庄），他还借了1万元给厨师作为注册资本，以让厨师占有40%的股份。但厨师后来挪用了1.2万元，而且干了没几年就离开了。最终，老先生出售了庄园里的牡丹花，才完成双方的交割。实际上，加上注册资本，

龛谷老人

老先生一共投入了100万元的资金，其中十几万元用于承包土地，剩余的钱用来开山、引水、通电以及购买植物种苗。

问卷进行到企业运营状况部分时，老先生脸上少了许多初见时的愉悦，多了些愁思。因为初创时期的农庄并不挣钱，2017年他出售庄园里的桃、杏、梨的全部收入也才5 000万元，而他在孤寂的北山中仅水电支出一项就已超过这一收入。

当问到当地的营商环境时，老先生脸上的愁容更深了些。尽管曾经在县政府担任过中层干部，但原先的领导也已退休。因此，老先生并没有享受到当地政府的特别关照，创业时的一腔豪情反而被浇灭了许多。农庄初建时，老先生还想着政府能把他的农庄标榜为示范基地，谁知在自掏腰包让当地官员酒足饭饱之后却没了下文；在承包土地方面，当地村社长总催促他提前缴纳地租，一些村民更是将耕地划入了老先生承包的土地范围内；在申请变压器的过程中，当地电力有关部门开口就要价6万元，但老先生自己通过上网搜索，发现市场上最贵的变压器S-11，售价也不过

龛谷老人（左）与访员

1.6 万元，在一番讨价还价后，他还是向电力部门缴纳了 4.5 万元；不仅如此，作为农业企业，老先生的农庄最初被按 0.9 元 / 千瓦时的价格收费，也是经过一番申诉，电费才被降为规定的 0.5 元 / 千瓦时。

面对人事的困顿，老先生偶尔也会感到迷茫和苦痛，他曾写下诗句向友人倾诉创业的艰辛：

鬼差神使汪家坪，宵衣旰食越五春。
心血染红桃杏果，汗水润绿杨柳荫。
白虎山尾人烟稀，鸭儿沟沿蓬草深。
眼前颇觉路漫漫，来日可否有光景？

除去并不理想的创业社会环境，大自然也有冷酷凌厉的一面，而且毫不逊色。榆中北部的气候干燥而多变，有时在炎炎的夏日中也会忽降霜雪。2018 年 4 月降霜，冻得园里桃花、杏花、梨花瑟瑟发抖，这让老先生痛惜不已，纵使熟读诗书的他也冒不出"忽如一夜春风来，千树万树梨花开"的佳句来。他在 2018 年 4 月 7 日的工作日志中写道：

连日寒袭
连日春寒停园中，昨日冰雪存坎根。
树木花卉低下头，杏梨果实方已空。

莹莹心中志

庄园里有北山上特有的花期延长到 7 月的牡丹，别有一番风骨。走在小径上，参天白杨挺立两侧，目及之处亦是一片白杨林，"却顾所来径，苍苍横翠微"，那种坚守和豪情一如龛谷老人。随幽径走下去，映入眼帘的还有桃、杏、梨、山楂、海棠、海拉尔松、昆士兰贝壳杉……庄园边上是一片池塘，杨柳依依，倒映在碧池上，老先生说，他还要在此处建亭养鱼，以后客人来，可以在此垂钓。

老先生一边领我们在绿树成荫的桃园里原路返回，一边自豪地说："在我来之前，这里是秃山头、不毛之地，如今已是绿树成荫。近年来附近架高桥、修铁路的工人会来我这里吃桃品杏、乘凉纳荫。他们开心，我亦欣然。"

回到他简朴的小屋，老先生拿出待客的最高规格——桃子、西瓜加甜饼。看着我们享用他种出的果实，他脸上显出满足二字，激动地跟我们

塞上江南

说："你们享受的是消费的愉悦，而我享受的则是创造的快乐。"

在老先生心中，怡苑农庄是他给家人留下的绿色银行，为子孙后代作出的长远筹划，以备不时之需；是他自己的"世外桃源"，精神家园；也是他践行梦想——把这片不毛之地变为绿洲——跨出的第一步。

他与我们在那一寸见方的小屋里谈天说地，讲到国家治理时，他引用大学者翦伯赞的观点"和亲政策比战争政策总要好得多"，又谈及佛教、道教、儒家在大国治理中的作用；讲到他的专业马克思主义哲学，提问我们怎么看待"皇帝是地主阶级的总代表""地主阶级与农民阶级之间没有不可逾越的鸿沟"之类的观点；讲写字时，告诉我们如何去调整字的框架构造，让我们去学习《黄自元间架结构九十二法》；还向我们展示他的日志以及工作之余写下的诗……

凫合老人或许不算是一位精于计算、左右逢源的企业家，他入不敷出的农庄的收入在我国的GDP核算中甚至也显得微不足道，但他对于家庭责任的担当，为子孙后代的筹谋，对社会的责任感深深撼动我心。人间正道是沧桑，暂

时的盈亏绝不会侵蚀他乐观、明旷的心地。他对自己的评价是:"一个渺小的马克思主义者,一个基本合格的共产党员,一个社会主义的拥护者,一个理想主义者,一个自食其力的人"。

"行路难,行路难,多歧路,今安在。"我道他是"塞上褚时健,漠南袁隆平"。他摆手自谦"心中恰似五味瓶,廉颇老矣有谁问"。创业本非易事,更何况年入古稀。

惜别之际,禽谷老人赠我们两首曲,一是补放欢迎曲,二是欢送曲。次日,他作七言一首:

怡苑农庄入口

老少相会怡苑中,
万象问卷当日成。
一见如故忘年交,
天各一方心永同。

我亦愧作一首回复:

曲径通幽处,世外桃源现;
晚生腆颜至,鸿儒盎然邀。
目光炯如矩,身板矫如驹;
七十古来稀,青丝微夹霜。
文史哲政经,马列毛邓习;

学富填五车，谈笑沐风声。
有丝竹之乐，无案牍所劳；
感光阴似箭，叹世风式微。
娓娓述平生，拳拳劝后人；
萧萧杨柏寂，惺惺互相惜。
安能再促膝，续说彼生志；
胡诌诗一首，到底意难平。

调研者

黄旭芙
东北师范大学 2017 级研究生
卢勇霏
外交学院 2015 级本科生
2018 年甘肃调查

军旅、湖光与鱼拓

受访人：刘毅（浙江）

追随注册地址到达青溪新城创业工坊，迎接我们的却是紧闭的铁栅门，以及写字楼上孤零零的"修正药业"的字眼。

"这一块地去年就出让了。"拨打刘毅先生电话时，我们方知毅鱼文创公司在青溪新城经营不到半年，就迁移至珍珠半岛，重新扎根。

珍珠半岛是千岛湖镇着力打造的新型文化中心，集演艺中心、青少年活动中心、文化中心、科技大厦于一岛。虽然仍处于待开发状态，但是作为一个在千岛湖文创圈打拼了12年的元老级企业家，刘毅非常看好这一带的发展，已将近几年大部分积蓄投资到这里的商铺，为毅鱼的破浪乘风做足了准备。

与鱼结缘

"毅鱼"二字，是刘先生前后思虑了一个月起的名字。顾名思义，毅鱼文创以"鱼"为主打，主要负责鱼拓的制作、销售和交流。

鱼拓起源于中国宋代，是一种将鱼的形象用墨汁或颜料拓印到纸上的技法和艺术。走进刘先生的工作室，只见墙上挂满栩栩如生的鱼拓作品，惊叹于闪着金

刘毅鱼拓作品

光的片片鱼鳞纹路之细致，赞叹于鱼身颜色层次之丰富和灵动，方知"复活"鱼身、记录鱼之原始神韵，并非仅是传说。

"刚开始接触鱼拓，为一条鱼通宵熬夜是很正常的事情。而且全程都要弯着腰，在体力上也是很大的考验，一天下来腰酸背痛是常事。"刘毅为我们讲述鱼拓的制作。鱼拓创作看似简单，实则很有讲究，从整理固定鱼的背鳍、给鱼上色，再到最后的点睛，都需要十分的专注力。

刘毅做过的最大的鱼拓重达60公斤。创作这样一幅鱼拓，在刷鱼头

刘毅创作现场

部的同时需要把尾部也完成，防止颜料干掉；同时，在这么短的时间内又要追求效果，这要求相当娴熟的技能。因此，刘毅的绝活自然地为其公司树立了一块无可取代的招牌。如今，刘毅已经是中国渔业协会鱼拓专业委员会理事，在国际鱼拓大赛中连续三年夺得白金奖，也是中国鱼拓优秀作品展最高奖金麟奖的获得者。鱼文化是千岛湖悠久历史的一大特色，而刘毅和他的毅鱼文创已然成为千岛湖鱼文化的一张名片。

十余年的沉淀为刘毅积累了许多宝贵的资源，毅鱼的发展前景非常乐观。实际上，刘毅在最初创业之时，却远未如此一帆风顺。

军旅途中孕育的创业梦

刘毅首次创业是在2006年，彼时他刚从安徽部队离开，重返千岛湖，成立了步云轩书画工作室，业务主要包括书画培训和字画装裱。

参军是刘毅从小的梦想。在部队，他负责宣传方面的工作，书画特长得以施展。这里纪律严明，人人奋进，不需要依靠背景或关系获得尊重，只要你有一技之长，足够优秀，部队就会给你提供一个广阔的平台。

怀着满腔热情，凭借出众的书画技艺，刘毅获得了战友和领导的认可，办过个人展，做过各种宣传，五年磨炼后，他开始思考长远的职业方向。"我是农村出身，又是独生子，想趁着25岁年轻时候的冲劲早点出来打拼一番，为家人创造更好的生活条件。"于是，成立书画工作室，自然而然地成为他的选择。

工作室的初始投资是20万元——在12年前看来，这是一笔不小的数目。但是他却毫不吝惜地投入：宽敞的展厅、红木的家具、精致的画框等，样样都不能少。幸而，部队的兄弟和儿时的好友都慷慨相助，刘毅不需要背负太大的向金融机构借款的压力，就获得了开业的第一笔资金。

有趣的是，时隔五年重返家乡，在这场新的人生征程上，他却是以"异乡人"的身份开始跋涉——五年来，千岛湖已经万象更新，刘毅需要重新熟悉家乡的环境，摸清行业当下的发展态势。另外，年轻的资历也容易遭受别人的质疑。"当时做书画这一行，大家总觉得要留一把胡子、有一定岁数的老师才专业。"刘毅笑着说道。

刘毅鱼拓作品

工作室书画培训收的第一名弟子，是自己找上门来的。这个孩子每天在工作室的玻璃门前经过，总按捺不住好奇地往里瞧几眼；其母亲也是做生意的，对年轻人创业、授业比较包容。而今，这名学生已经从华东师范大学毕业，正在准备考研，与刘毅仍然保持着密切的联系，每年过年都会上门拜访。

从小醉心书画养成的专注，以及部队磨砺带来的执着和笃定，使得刘毅对自己工作室的文化理念和定位非常明晰。招生在步云轩是一个双向选择的过程：孩子必须吃得了苦，家长不能想着一蹴而就，刘毅才愿意接受弟子。经历过十二载的检验，步云轩工作室也已经成了"老字号"，桃李满天下。宁缺毋滥，砥砺德行，这是刘毅使步云轩成为"老字号"的秘诀。

从步云轩到毅鱼文创

2016年，刘毅成立了毅鱼文化创意有限公司。从一隅工作室到注资百万元的公司，这是业务发展到一定程度和规模的必然选择，也折射着千岛湖文化产业的发展历程。

12年前，千岛湖小镇还没有"文创"这一概念，文化产业的主营业务多局限于艺术培训和艺术品零售。12年后，文创企业在千岛湖边却如雨后春笋般兴起。根据2017年杭州市文创产业数据，淳安文创产业实现增加值38.48亿元，增幅为35.5%，增幅跃居杭州地区第一位。

"十年前刚开工作室之时，大家消费能力比较低，一幅字画作品能接受的价格顶多在2 000元左右。现在花万把块钱把一幅鱼拓作品带回家收藏，也称不上稀罕事。"刘毅向我们介绍道。千岛湖作为旅游城市，消费水平原本就比较高；艺术品交易量节节攀升，文化行业的认可度不断提高，文创产值抢眼的数字也反映出消费者在文化艺术方面需求的激增。

行业的蓬勃朝气，也意味着竞争更加激烈。事实上，过去两年扎堆涌

毅鱼鱼拓宫廷扇

现的文创公司,许多已经在创业浪潮中因实力不足而被淘汰,有的甚至只是为了套项目资金而设立的空头公司。"很多做文创的,创意在哪里?能够拿得出手的产品是什么?他们自己也回答不上来。"刘毅说。

这样的问题,刘毅也天天反问自己,鞭策自己多跑出去看、多学习。"首先是确定自己的定位,接着再去寻找它在哪个城市已经实现,然后是现场考察,将好的想法拿来、改进,和自己的作品结合。"在调研过程中,他尤其注重细节。俗话说"三分画,七分裱",画框就像一个人的衣服,必须与作品质量相当才能为其增色。刘毅经常参加展销会,关注一些样式新潮、精美的画框,在挑选上非常严苛,长期合作的仅有一个外地供应商,非红木材质的精致画框不用,"这是对一幅作品最基本的尊重"。希望能为顾客提供真正有档次的艺术品。同时,刘毅不停留于鱼拓传统的技艺,而是不断尝试技术创新,也在鱼拓衍生品,尤其是针对年轻群体的创意产品上花费了很多心思,尝试不同的设计和营销思路。

这位身兼书画师、授业者、装裱师数职的企业家,一天内要不断地切换角色。但较之疲惫,刘毅更多是在享受。"把自己的爱好当作职业,是很开心的一件事情。"谈及作为创业家最需要的品质,刘毅再次重复了他的人生信条:"认准的事情坚持走下去,把一件事做精、做专,就好了。"踏实、精益、专注、创新的工匠精神,不仅使他在鱼拓界闻名,更是他在创业浪潮中得以立足、稳健发展的要诀。

尤丹倩

北京大学 2016 级本科生

2018 年浙江调查

千磨万击还坚韧,任尔东西南北风

受访人:张仕炎(浙江)

改革开放 40 年来,中国民营经济搭乘着中国经济的高速列车,飞快向前发展,取得了举世瞩目的成就,在这期间蓬勃发展的浙商逐渐成了一个强大的民营经济群体。浙商求真务实、敢闯敢干的精神,也让他们在市场经济条件下脱颖而出,成为民营经济的领跑者。本文的主人公就是一位典型的浙商,他自小辍学出来打拼,经历过社会的风风雨雨,尝尽了世间的人情冷暖。

家境贫寒,年少拼搏

1972 年,张仕炎出生于金华市武义县一个贫瘠的小村庄。在他出生之时,家中已经有两个哥哥和六个姐姐,而后张仕炎又迎来了一个弟弟,家中兄弟姊妹一共十人,在当时那个年代也是属于孩子特别多的家庭。张仕炎的父母都是农民,照顾十个孩子的难度可想而知。张父作为家里的顶梁柱,日夜艰辛劳作,身体早就吃不消,落下满身的病根。在张仕炎 10 岁这年的正月,命运又一次戏弄了这个本就艰苦维系的小家。张父因病去世了,家中只留下孤儿寡母。都说穷人家的孩子早当家,小学都没读完的张仕炎把这些都看在眼里,为了不让母亲如此辛劳,为了供养弟弟读书,年仅 13 岁的他毅然挑起家中重担,辍学就业,自此踏入了社会。

一开始,个子矮小、身体瘦弱的张仕炎,做不了什么体力活,就跟着村子里的长辈一起做木头生意,赚取中介费。随后几年,各行各业张仕炎都干过一些。按张仕炎自己的话说："小时候没文化没经验，脏活累活抢着干，就脚踏实地做呗，向长辈学经验，以后也好自己出去闯荡。"别看他当时年纪小，做起生意来倒是有着超越年龄的成熟和精明，这也许就是浙商骨子里的拼搏精神。了解张仕炎的合作伙伴都知道，张仕炎动不动就说"我能帮你做什么"，或者"这件事情要做好"。

创业初试，梦幻泡影一场空

1994年年初，随着多年来的打拼和磨砺，张仕炎也有了一点积蓄。他不甘心总是给别人打工，20岁出头的张仕炎年轻气盛，总想闯出一番自己的事业。他之前在义乌做生猪接种工作时认识了王某，王某为人机灵，做生意也是精打细算的好手。在得知张仕炎有创业的想法后，便向他建议合伙开服装厂。王某了解到当时在武义县每年政府有3 000万元的无息贷款，补贴当时的民营企业家创业。自从有了开厂的想法后，张仕炎随即整日筹备，一刻也没闲着。他将自己多年打拼，准备将来娶媳妇的新房，抵押给银行，贷款10万元，又和王某向家人借了6万元。服装厂算是开起来了，在当时，张仕炎的服装厂规模算是当地数一数二的，器械装备齐全，厂子一开始便有90多名员工。好友王某主要负责财务管理等相关事项，服装厂其余大事小事全靠张仕炎一人管理。张仕炎说那时每天仿佛有用不完的精力，整日忙得团团转，但依然觉得很开心。开厂以后生意越做越红火，到了第二年员工就超过了200人。附近乡邻也得益于张仕炎的服装厂，获得了就业机会，改善了生活条件。

正当张仕炎觉得自己小有成就、做生意顺风顺水时，他没有想到幸福的时光是那么短暂，巨大危机正隐藏在这表面的风光之中。1995年，有一名歌星到金华演出，当时正风光的张仕炎买票请全厂员工一起去看。等到演出结束回到服装厂，等待张仕炎的却是熊熊的火焰，自己的服装厂因为电路原因着火，无情的火焰打破了张仕炎对未来服装厂所有美好的憧憬，一瞬间张仕炎仿佛又回到了原点。看看自己辛辛苦苦办起来的服装厂，到头来却是竹篮打水一场空。

西安经商，身陷囹圄

"做生意难免遇到挫折，浙江商人在面对挫折时，很少一蹶不振。他们善于在挫折中磨炼自己。"在笔者与张仕炎的访谈中，他如是说道。在第一次创业开办服装厂受挫后，张仕炎没有垂头丧气，年轻人的创业路难免会经历一些坎坷。1996年张仕炎随着同乡一起前去西安做茶叶生意，此刻的张仕炎依然对生活充满信心。在同乡人的相互帮衬下，很快张仕炎渐渐在西安有了立足之地，自己盘下来两间门面，在西安轻工市场的茶叶生意也是如日中天。张仕炎的确有经商的天赋，两年下来，到1998年，自己两间店每年仅交税就要十几万元。张仕炎又一次体会到成功的滋味，那个时候的张仕炎的确算得上百万富翁了。在西安轻工批发市场，茶叶生意就数张仕炎做的最大。

但是命运仿佛总爱戏弄张仕炎，总是爱将他高高捧起，再重重摔下。红茶是全发酵茶叶，发酵是红茶形成的关键工序，对红茶的品质起着极其重要的作用，在这个过程中需要多种药物催化。可就是在这道工序上，张仕炎栽了人生的一个大跟头。在一次打药过程中张仕炎打错了药，后来那批茶叶投放市场后，引起顾客中毒身亡。张仕炎被起诉，店面也被查封，家中资产悉数变卖用以赔偿受害者。张仕炎被判处无期徒刑，这无疑是晴天霹雳。张仕炎此刻感到命运的不公，他觉得这都不是真的，也不敢去相信他的人生会走到这般地步。张仕炎辗转回到金华受审，多方周旋，最终被判处11年6个月的有期徒刑，倾家荡产，锒铛入狱。入狱后张仕炎对什么都失去了信心，觉得自己的人生就要完了，觉得上天在戏弄他，命运一次又一次让张仕炎尝到成功的甜头，然后再重重打击，彻底践踏着张仕炎。入狱前期他整日魂不守舍，形同行尸走肉，这一次的打击的确重挫了这个未满30岁、尚未成家的年轻人。

在监狱的生活一年又一年，张仕炎也渐渐平复了自己的心态，养成了看书的习惯。日本曾经最大的零售集团"八百伴"集团的总裁——和田一夫那句名言也成了他新的座右铭:"生活就是一束阳光,你站在阳光中,迎着阳光向前看,满眼光明,身心温暖,倍增力量;转过身,俯视阴影,满目黯然,暗自神伤。面对阳光和阴暗的两种心态,完全由个人的心情来掌握。选择前者,你将积极快乐地向前走;选择后者,则沉沦悲观沮丧,举步不前。" 张仕炎又开始对生活重拾信心,期待着出狱后的东山再起。

从头再来,拼搏不息

由于在狱中表现良好,张仕炎多次减刑并最终于2005年出狱。时隔七年,张仕炎重新踏上这片自由的土地,一切变得陌生又熟悉。入狱这几年物是人非,当初风光时的酒肉朋友没有一个继续联络。出狱后,张仕炎的日子过得并不好,四处打打零工,过着一套衣服穿一个月、每日三餐不饱的日子。但张仕炎依然不屈服于命运,他依然想创业。2006年,哥哥姐姐知道张仕炎不甘于现状,便凑钱让他创业。这一次张仕炎打算在浦江做水晶生意。浦江有着悠久的水晶发展历史,多年来发展快速,在国外小有名气,是国内的水晶主要生产加工基地。金华一直有着"永康一只炉,义乌一只鼓,东阳一把刀,浦江一串珠"的俗语。张仕炎本以为在浦江做水晶生意,风险小、收益高,但实际上厂子开起来,生意却一天不如一天。本地水晶生产商太多,竞争也十分激烈,最终第三次创业也以失败告终。

张仕炎已经经历了太多太多的挫折。2007年张仕炎可谓一筹莫展,心灰意冷,整日待在老家那个贫穷落后的村庄里,此时35岁的张仕炎依然没有成家,他在沉寂了几个月后,暗暗下定决心,账不还清就不结婚。在这个浙江汉子身上有着无比的韧性,当挫折一次又一次将他打倒时,他总是一次又一次地爬起来。

风雨之后,终见彩虹

在浙江最常听人说起的就是"四千精神"——"走遍千山万水,说尽千言万语,想尽千方百计,尝遍千辛万苦"。这"四千精神"其实不仅是对过去几十年浙商精神的总结,也是浙商能创造财富的品质所在、根基所在。同样,这"四千精神"也深深影响着张仕炎,2008年张仕炎在金华婺城区做着房产中介,凭借自己的人生阅历和不言弃的精神,渐渐成为公司里销售额最多的一名业务员。做了几年后,摸清门路熟悉业务的张仕炎便另起炉灶,重燃创业梦,也开起了自己的房产中介公司,到现在年利润有一百多万元,也有了妻子和女儿,折腾这么多年,张仕炎总算安定下来了。

风风雨雨这么多年,张仕炎经历过人生的大起大落,搏击过风雨,最终迎来彩虹。张仕炎如今依然保持对生活的拼搏精神,他觉得自己还在壮年,依然可以继续拼搏。张仕炎在和笔者交谈时说道:"我还没有到安于现状、坐等退休的阶段,我还要再干二十年。"就是这样一个男人,尽管身材矮小、文化程度不高,但对待生活的态度和战胜挫折的韧劲的确值得每一个人去学习。初心不改,拼搏不息。

节辉
北京大学2016级本科生
2018年浙江调查

从鞍钢钢铁到塑钢门窗

受访人：老崔（辽宁）

"我们这家企业在 2001 年 7 月 13 日创立，你们知道那一天是什么日子吗？"这是永高门窗的老崔抛给我们的第一个问题。

除了那一年我六岁，我实在不知道 2001 年有什么大事件。

"那一天萨马兰奇宣布中国申奥成功，所以中国申奥成功的纪念日就是我们公司成立的周年纪念日，这可以说是历史上的巧合。"老崔仿佛有着丰富的演讲经验，用一个略带诙谐的方式开了场。

老崔 1964 年在鞍山出生，生于知识分子家庭的他一路上到大学本科，1986 年回到鞍钢工作，那个时代好事和机会全都能轮到大学生，老崔也经得住"组织的考验"，没有什么意外地升到了科级，这可以说是一个没什么家庭背景的人在国企能达到的最高水平。

1997 年，鞍钢的好日子算是过到了头，可是好折腾的老崔不甘心随着国企沉沦，拿着一份国家略带"怜悯"的工资。爱闯荡的老崔一狠心"买断工龄"，拿着一万元钱走出了被机器轰鸣声填满的车间。

虽说算是将自己推向市场，可是老崔当时并没有想好要去做些什么买卖，他的内心十分躁动，然而并没狂热到当企业家。他认为自己有相才，适合当个打工皇帝，而不是去创立一家公司。

"当时我有朋友跟我较劲，半带激将的口气对我讲：'你要想打工赚大钱，去干寿险推销员啊，跟那些下岗妇女一起，看你能不能干得来！'"老崔补充着细节，东北男人特有的要面子，让寿险推销员成了老崔下岗后的第一份工作。

1997年,寿险这种理财方式不似今日广泛被大家接受,当时应该差不多跟现在推销保健品在国内的名声差不多,听闻周围有认识的人进入这一行当,大家躲之唯恐不及,尽可能地疏远。老崔的目光扫视着我俩:"这和你们这种上门做调查问卷、送送小礼品可不一样,你们不推销产品进别人的门都不轻松,那你想想如果是想卖别人东西,赚别人钱呢?"

"只要你带着目的,你自己都会不自觉地紧张起来。就像你如果不喜欢一个女生,你可以非常随意地跟她谈天说地,可是你一旦喜欢上,却连她家的楼下都有些不敢走了。"老崔开玩笑地说着。

那段时间看遍人间的远近亲疏,《羊皮卷》《世界上最伟大的推销员》也成为老崔的枕边书,老崔花了八个月一直从普通的推销员干到了副总,算是给朋友的挑衅一记右勾拳。

在问卷中的"运气对于一个人取得成就的重要程度",老崔选择了1分。运气只是留给有准备的人,对于老崔来说可不是一句鸡汤文。

老崔在1999年夏天到一家企业去推销寿险,想通过老板推销给整家公司的员工,没想到聊了一会儿,这家公司的老板对老崔的兴趣却比对寿险大得多,他当时就开出一个月2 000元的工资请老崔来公司上班,那时算是普通工人月工资的6倍。老崔摇了摇手拒绝,大步走了出去。那个老板倒也是颇有当年刘皇叔的品德,识才惜能,追了出去加价到3 000元,并表示他希望老崔能帮自己的公司在五年之内上市。老崔还没应答,他便拉着老崔往会议室走,原来会议室早已坐满了人,老崔坐在桌子最靠门的那一头,面对十几个股东和当时的管理层,这场"面试"从企业文化讲到销售经验,从商业理论讲到产品制造,持续了近两个小时,最后老崔被委以重

访员与老崔(左)

任,搭建一个全新的销售团队,帮助公司拓展市场份额。

老崔用自己的方法招聘、训练、激励着自己团队的成员,从大声朗读《羊皮卷》到参加酒局,从心理建设到行为规范,从穿西服到学谈吐,老崔一边培训着自己的良将,一边制定着一套激励制度,怕是真有成为打工皇帝的命。老崔这个新销售团队让公司的年销售额从30万元提升到了300万元,按照激励制度,销售团队整体应该得到30万元的奖金。可是旧有管理层和股东被胜利冲昏了头脑,先是买奥迪,又是给自己装修豪华的办公室,却拒不支付这笔销售团队奖金,他们想通过单独给老崔15万元的方式让老崔留下来。这样的短视行为让老崔实在心疼,他觉得团队远比他个人来得重要,便拒绝了这15万元的个人奖金,提出了辞职。尽管那个老板还在那年的除夕夜亲自到老崔母亲家拜年,可是这类的温情政策再也打动不了老崔,2001年春天,老崔还是离开这家曾经梦想着上市的公司。

从鞍钢到寿险,从寿险到那家梦想上市的公司,对于过往工作单位企业家的失望是造成老崔自己创业的直接原因。

作为钢都人的他在创业的精神准备期,有意无意地会把美国的钢铁大王卡内基作为自己创业的向导,他在访谈中屡次强调卡内基在正式创业前有很多行业的工作经验,并且见过五百多位成功的企业家,他也便信奉此等法门,处处请教那些民企老板。

老崔对于进入什么行业以及怎么创业都没有什么想法,但是他和大部分创业者的初心是一样的,就是想做一个老百姓和周围人能用上的东西。老崔的拜访之路从鞍山的明星企业"鞍山永安集团"开始。永安集团的创始人张鹏当时半开玩笑地让老崔也加入门窗制造行业中来,并说:"我叫永安,你们就叫永高吧!"颇有让老崔成为自己小弟的戏谑,可老崔认为这的的确确是个好想法,不久之后一家名叫永高门窗的小作坊在萨马兰奇的一句"Beijing"中正式开业,没曾想当初那家梦想上市的公司已经倒闭,永高门窗有限公司却坚挺了17年。老崔年到54岁,穿着一线员工穿的工服,觉得自己还能做得更大、走得更远。

创业的原因总是多种多样,但是最实在的原因还是穷困。老崔不藏着掖着,直截了当地跟我们说出他当时创业的原因:"很简单,就是家里人当时得病实在需要钱。"老崔知道我们是从北京大学来的,还盛赞前些天在各大公众号上大火的北大新生所写的《感谢贫穷》:"如果有钱,谁不想安逸地生活啊,贫穷让人充满希望,这是贫穷给我的一个礼物。"

访员与老崔(右二)合影

之前我不是很认同"感谢贫穷"这句话,但是毫无疑问,能访问到老崔这样的企业家,我得"感谢贫穷",如果不是贫穷,老崔现在应该是在老旧工厂办公室里,沏一杯金骏眉,每天郁郁寡欢等待早点退休,偶尔写一点不咸不淡的回忆小文,以翻阅《读者》杂志为乐吧。

调研者

王翰池

北京大学 2017 级硕士生

2018 年辽宁调查

十年磨一剑

受访人：李俊义（辽宁）

大连的经济近来不太景气，这种环境对于创业者而言既是挑战，也是机遇。我们这几天在走访过程中遇到了很多企业家感叹经济形势不好而市场竞争又激烈，他们往往对企业发展前景抱有不太乐观的态度。

但对于正憋着一股劲儿想要施展的李俊义来说，这恰是不可多得的时机。像2018年的厂房租金价格就要比2017年低廉得多，一些潜在竞争对手陷入经营不善的危机，都为李俊义着手开创自己的事业提供了助力。

太阳快要落山，我们终于按照食品公司的注册地址找到了创业者李俊义，此时他正一个人在堆积着钢材的院子里叮叮咣咣地忙碌着。"我这是在制作食品厂需要使用的生产设备。"他戴着线手套、拿着工具跟我们解释道。看到他一副工装打扮，我内心是惊讶的，没有料到他作为公司的负责人，竟在做这种最基础的一线工作。虽然我们唐突的到来打断了他的工作，但他态度非常温和地倾听我们说明了来意，甚至体贴我们的奔波。于是我们约好次日的同一时间再次拜访。

第二日如约前往，我们得以听到了李俊义创业的故事。事实上，他的公司尚未正式开始经营，但他来时的路，却已经走了很长。

李俊义创业的想法源于"还是想要自己做点儿什么"。在此之前，他大学毕业后在家乡的一所高中做了六年的化学老师。从生活体验，也是从个人专业出发，他想到要生产一种新型的魔芋制品。李俊义本以为研发很快就能完成，然后就可以投产，却没想到这条通向创业的路，一走就是十年。

李俊义选择从老家黑龙江伊春市来到大连,是因为高中时期的好友更早地来到大连开办了诊所,生意不错。来到大连的李俊义,却并没有像好友那样从一开始就一帆风顺。因为比单纯创业更加艰难的,是李俊义想要去尝试的创新。有时很难说清创新与创业的因果关系,但是对李俊义来说,创新是绝对重要的因素,是他的企业创办的先决条件。在产品研发的道路上,他不断地遇到挑战和波折。

这是前人没有做过的产品,因此配方是全然的原创。经过千百次原料与配比的不同尝试,才能做出最理想的口感和味道,实现最佳的食用体验。不单是产品本身,与产品创新相适应的,是生产设备的自主研发。李俊义学化学出身,如果说研究产品配方尚可算是他的专长,工业设备的设计与制作,就完全是他从未涉足过的领域了。于是,他便从头学起。

在李俊义用来办公的桌子上,我注意到了一本与工图画法教学有关的书。从最基本的画法学起,到我们前一天看到的他手边的生产设备半成品,我不知道有多少本教学书籍被仔细翻遍,有多少双线手套浸满汗水,有多少个冥思苦想的日日夜夜。但我想,一定比我猜测的要多。

当年李俊义辞去了稳定的教师工作,投入产品的研发,但是研发漫长的周期需要不断的资金支持,做教师时的积蓄是资金来源的一部分;除此之外,他还需要时常去做一些兼职工作,比如去私立学校或教育机构教一段时间的化学课。这大概是现实与梦

李俊义(左)与访员合影

想的一种真实融合,既是脚下的现实支撑了梦想,亦是心中的梦想支撑了现实。

从创业的念头萌生,到十年后的今天,李俊义可以说是踽踽独行。就像我们初次见面时看到的那样,在工作上他一直是一个人在做。因为所有的思路都是在不断的学习中才逐渐变得成熟,他也是在黑夜中摸索着前进。陪伴他的,是勇气和毅力。

李俊义如今年逾不惑,与许许多多的创业者相比,他不算年轻了。但是鬓微霜,又何妨。他知道自己想做的是什么,并且已经为之准备了十年。他脚踏实地地走到今天,如果手中的工作进展顺利,公司还有两三个月就可以开业了。说起对未来的展望,李俊义有着长远的规划,他期望公司的产品在将来可以做到出口。我想在这种愿景背后,凝结的是他多年的心血与信心。在他扎实前行的道路上,未来可期。

有质量的创业与创新,不应当仅如昙花一现便凋零,它们需要时间的打磨,心血的浇灌,让其积蓄力量,在日后拥有蓬勃的朝气,焕发真正的活力。

杨婧琭

北京大学 2017 级本科生

2018 年辽宁调查

人皆可以为尧舜

受访人：老雷、杨先生（甘肃）

孔子有言"四十而不惑"。四十岁已是人到中年，青春朝气也已渐行渐远，但是生命一点一滴沉淀的阅历让这个群体多了一份少年难有的坚定。有这么一群草根企业家，他们已到不惑之年，前半生几载浮沉，但无论此时身处何境，他们内心依旧不放弃年少时执着的梦。"人皆可以为尧舜"，他们相信只要坚守一方天地，终能"一日看尽长安花"。

雷声常在，我心依旧

庆阳城北，新翻修的马路上车辆往来、尘烟四起，路两边数十家门窗加工店紧挨着不分你我，老雷带着一家人就安扎在了其中，十几年如一日，经营着一家门窗加工店。店面不大，3/4的面积都堆积着大大小小的钢材和机器，与周边的店铺并无二致。走过逼仄的小道，店后头是一家人日常生活起居的地方——一间仅仅十几平方米的小房，红砖砌的墙，水泥盖的地，被遮挡在楼后，终年难见阳光。而正是这前前后后加起来不到80平方米的土地上，承载着老雷上半辈子的努力和下半辈子的期望。

老雷出生在庆阳城边的一个小镇，早年间接手家里的两块果园，种植苹果。虽然没有读过多少书，但是老雷并不想像父母一样一辈子扎根在农村，过着面朝黄土背朝天的生活。于是，年轻的老雷怀着一腔热血来到了庆阳城区，经老乡介绍，在一家砖厂当起了搬砖工人。当时的日子虽然苦，也无太多收

甘肃庆阳城乡大道

人,但年轻就是资本,老雷仿佛有一身使不完的劲,白日里一边干着搬砖的苦活,一边则抽空跟着老师傅学习电焊技术。老雷想学一身技术,自己开一家店,靠技术养活自己和一家人。这个想法在他脑海中盘旋了很久,或许从小时候看着父母日出而作日落而息只为了忙活那两块果园,却还要在收成时望着满园的苹果叹息神伤时,这个念头便已在老雷心中暗暗生根发芽。

2000年年初,老雷遭遇了一场车祸,在那场车祸中老雷伤了腿,在医院里住了三个多月,出院后他毅然辞掉了砖厂的工作。对那时的老雷来说,经历了这一场灾祸后,生死一瞬间,他忽然拥有了一种不曾体会过的坚定和勇气,要去改变自己和家人的未来。于是,拿着从农村信用社和亲戚处借来的几万元钱,老雷开了一家梦寐以求的、属于自己的小店,靠着从老师傅那里学来的本事,开始了自己的门窗加工事业。老雷是这条街上最早干这一行的,凭着自己不错的手艺和人品,也算是闯出了自己的小名气,有了一些积蓄。

或许是那几年生意确实不错,又或许是老雷性子里带着的那股农民特有的质朴和善良,让他放松了商人该有的警惕,当老雷猛地发觉时,客户赊欠的账款已经高达30多万元,而此时庆阳的经济也不知怎么一夜间断了生机,周边好多开了工的建筑工程项目陷入了停滞,最大的客户不见了,老雷的生意日落千丈。这时的他试图收回那些陈年旧账,却发现被经济不景气波及的不仅是他一人,账已经再难收回。老雷试过去法院起诉,法院也确实给了他公正的审判,但是法律并不能天然给予对方还债的能力,而这些又都是老客户、老朋友,老雷终还是不愿撕破脸将对方逼得太紧。于是这些债务就这么搁在了那里，难有重见天日之时。

三年前，朋友以担保名义向老雷借款 50 万元，并承诺他不久的将来一定以 2 分利归还。尽管当时生意已然不景气，家里只剩下这些积蓄，但是老雷本着对老朋友由衷的信任，还是借出了这笔"巨款"。然而不久后，老雷发现这只是一个骗局，那一刻，老雷觉得天一下子塌了下来，从自己走出农村到城里打工，到自己开店挣了第一桶金，再到如今被骗得倾家荡产，仿佛就是那么一眨眼的功夫，前半辈子的所有努力霎时化为乌有……

三年后的今天，老雷已经从那场挫折中走出。他还是一如从前，在这条他扎根了十几年的街上，继续做着他的老本行，生活似乎与往日并无两样，只有那异于同龄人的两鬓一抹白在暗暗诉说着这些年的笑与泪。尽管生意一天比一天难做，但二十多年前的那股劲似乎还有些许萦绕在老雷的心头，老雷不愿自己的一身技术白白埋没了，他还要继续经营这家店，哪怕上门的生意越来越少，哪怕日子渐渐入不敷出。他甚至还想招个徒弟，就像当年自己的老师傅一样。

我们问老雷有没有后悔自己当年有些盲目的善心，老雷笑笑说，当时大家都是朋友，现在也还是低头不见抬头见，每个人都有一时的难处，称不上什么后悔，只是以后恐怕再也不敢这么轻易相信人了。我们又问老雷是否对未来的生活还抱有信心，坐在光线昏暗的小平房里的老雷，望了一眼门边正玩着玩具的小女儿，道了声："有的。一切都会变好的。"

蜗牛负重，大爱无疆

初见杨先生，是在庆阳当地的一个公园，烈日下，他正忙着举办一场慈善捐赠活动，给当地的婴幼儿捐赠奶粉。再见杨先生是在他的办公室，他比约好的时间晚到了 30 分钟，他不好意思地表示出门时因为孩子想吃包子了，自己便费了点时间跑去买了一些包子。待双方都坐下，杨先生开始讲述自己的前

访员与杨先生（右）在办公室合影

半生……

杨先生从小生长在农村，村边有一个煤矿，中专念完后的他很自然地回到村里，在矿场干起了挖煤的工作，这一干就是六年。许是日复一日的矿工生活对年轻人来说有些无味，他放弃了这份多年的工作，当起了货运司机，在西北、山东地区跑起了业务。然而离了家乡，又倍感家乡的美好，在外奔波了几年后，他还是选择返回家乡从头再来。

回到庆阳的杨先生选择在一家修车行打工，没过多久又与在汽修厂学了一些技术的表弟合办开了一家修车店，但是这家店并没能为他赚取人生的第一桶金，只开了三年便转手他人。现今回想起来失败的原因，杨先生觉得感慨万千。那时太过年轻气盛，认为凭着替别人打工的那点经验和手头的一点资金便能干出一番大事业，哪里懂得怎么经营一家店，再加之对这个行业不够了解，到最后，一年所得的收入只能勉强支付房租，甚至连工资都发不出。第一次创业失败后，杨先生不敢再将资金投入过于陌生的行业，而是转向了餐饮业。他与朋友在公园边上合伙开了一家烧烤店，凭借不错的地理位置，虽没有大赚，但是也能供一家人安稳地过日子。

可能是日子过于安稳，反而勾起了杨先生内心隐藏多年的渴望——做公益慈善事业。其实，当初回乡不久的他便已开始四处寻找公益社团，希望能加入其中，但是寻找良久的他仍难以找到一个符合自己心目中定义的那么一个公益组织。杨先生并没有就此放弃，他的目光从线下转到线上。2013年杨先生建立了一个QQ群，名为"大爱无疆俱乐部"，里面是全国各地对慈善公益事业有着热情的普通人，这其中不乏像杨先生一样，一面在现实中艰辛地创业，另一面希望能实现一个慈善梦的人。随着越来越多人的加入，不久，一个线下名为"大爱无疆"的爱心协会就此诞生，并先后在工商局、民政局得以合法登记，协会还于2015年加入了甘肃省抗震救灾联盟。

在杨先生看来，成立一个慈善组织无异于一次创业，对他来说，这也是一份事业。从一开始别人眼中不成气候的小打小闹，到终具规模，这一路上，他同样遭受过不理解与挫败，同样，也曾有过自我怀疑与挣扎。在爱心协会扩大规模的那些年里，杨先生不止一次被别人当作传销组织的头目，甚至是邪教组织的头领，社会的警惕心和戒备心让他备受冷漠、屡遭拒绝。但是，在杨先生看来，社会公众的看法并不能让他放弃和动摇，甚至更坚定了一往直前的念头，然而家人的不理解、日益加剧的家庭矛盾，却时时敲打在杨先生的心头。杨先生还记得，一个周末的早晨，他赶着去周边的一个县城组织一场慈善捐助活动，但是此时15岁的儿子期盼的眼神、不满1周岁小女儿的哭闹，像一只无形的手拽住了他踏出门的脚步，妻子忍无可忍地表示，如果他执意出门，这日子就不用再过下去了。然而，杨先生还是一咬牙踏门而出。众生皆平凡，这些年与家人聚少离多，自己一心全然扑在了生意和公益上，每一次说好的陪伴总是被各种突发的事情打断，看着渐行渐远的家人，杨先生开始动摇，自己是否真的有能力同时追求两份事业，同时承担两份责任？此时一场意外彻底改变了杨先生的人生轨迹。

2017年杨先生的小女儿遭遇了车祸，颅内出血，命悬一线。庆阳本地的医院表示束手无策，杨先生一家又辗转去了西安，医生表示能尽力救治，但是费用高达30万元。这两年烧烤店的收入也仅仅只能够一家人温饱而已，公益事业不图任何回报，哪有什么积蓄能支付这般高昂的医药费。在向亲戚朋友借了一圈后，看着仍相差巨大的金额，杨先生不得已想到了网上众筹。本以为这个方法也只是杯水车薪，最多只能募集两三万元，然而令人意想不到的是，链接挂在朋友圈仅短短六个小时后，就已经募得了15万元！甚至一度因为捐款的人太多，链接崩溃无法进入。最后，杨先生成功募集了全部医疗费，小女儿手术

访员与杨先生（中）在爱心慈善活动现场

成功。这件事最后被选为"2017年甘肃省十大正能量事件"，但是对杨先生来说，其意义远不止于此。对曾经的他来说，公益事业是在自身事业稳定后的个人追求，得之我幸，失之我命，生命的重心在于扛起自己的家庭责任；但是对此后的他来说，这已经成为一份不可推卸的社会责任，生命与公益同在，再不容有任何动摇。从此以后，他的肩上不仅有一份固有的家庭责任，更有一份回馈社会的责任。

这场意外不仅坚定了杨先生一生的信念，也在某种程度上让他重视起了自己"荒废许久"的事业，已经年近不惑的杨先生开始了他人生的第三次创业。2018年年初，杨先生加盟了一个朋友从大城市引进的互联网租车业务。在他看来，现在的实体经济正在遭受互联网经济的巨大冲击，就拿互联网汽车销售举例，同一款汽车的线上价格能比线下便宜两万元到三万元，如果消费者选择分期付款，支付的利息也远低于银行利息，这样一来，线下的4S店面临巨大竞争。但杨先生不觉得这是一件坏事，在某种程度上其实是在提醒创业者们要及时转变自己的创业方向，紧跟当前经济的大趋势，才不至于被时代淘汰。因此，再创业的他毅然选择了加入这个在当地看起来还显得有些新颖的行业，他坚信，随着互联网的飞速发展，不远的将来，他一定能收获他人生意义上真正的第一桶金。

与此同时，杨先生并驾齐驱的另一个事业——公益，也在另一种层面上让他获得了满足感和其他人的认同。杨先生创办的"大爱无疆"爱心协会主要目标是帮扶贫困儿童，在一次扶贫慈善活动中，团队来到了庆阳周边的一个贫困山区的某所寄宿学校。学校只有几个窑洞,有50多个孩子在求学,去往学校的路是泥泞的泥巴路,每逢下雨便难以行人。杨先生此次为学校引进的是香港某个基金协会20多万元的慈善款项,这引起了当地政府的极大重视,当团队再一次回访时,通往学校的山路已变为崭新的水泥路,这次修路也给周边的村民创造了一个短暂的就业机会。杨先生忽然明白了自己一直追求的公益事业的另一种意义之所在,公益固然能给受赠者一定的物质帮助,但有时,它更像一方经济的助推器,能够默默地改善当地的基础设施,成为一种独特意义上的生产力。

杨先生有一个用了十几年的网名"蜗牛哥",他感觉自己这一生就像一只蜗牛,身上背的壳里装着家庭责任和社会责任,虽然艰辛,但是脚踏实地,能一路收获两份事业的丰硕果实,人生何其有幸!他希望将来的某一天,自己能成为让妻子儿女为之骄傲的、一位"有温度"的企业家。

后记

无论是前半生几经坎坷的老雷,还是努力肩负两份责任的杨先生,他们都有一个共同的身份——不惑之年的草根企业家。在他们的身后,站着千千万万有着类似人生历程的中年草根企业家们,他们向社会展示了一份特有的坚韧,也为整个经济注入了一股顽强的生命力……

陈贝尔
中国政法大学 2015 级本科生
2018 年甘肃调查

因为热爱，所以执着

受访人：李超峰（河南）

2004年大学毕业后，在政府的号召下，刚毕业的李超峰就选择了回家乡创业。当时这一决定是不被家人看好的。做了一辈子小学校长的父亲对家里长子唯一的希望就是走出农村、走进城市。

"囿于家人的原因，我读的是师范类专业，可是大一刚开始就着手为热爱的畜牧业做准备。"李超峰说。因为热爱，李超峰从小学开始就省着自己的零花钱去买几个鸡蛋孵出小鸡，去邻居家借几只兔子观察，去鱼塘里钓几条鱼……对这些小动物充满了无限的热爱。李超峰补充道："当时家人不愿意养这些东西，我自己总是把这些弄来的小动物寄放在爷爷家里养。"

"国家当时对于大学生回家乡创业是有文件支持的，刚毕业时的自己也去对口学校进行了实习，可是总归感觉不是自己喜欢的。于是在政策的号召下，便选择了大学生村干部的道路，"李超峰说道，"其实当时对于国家的政策是不抱什么希望的，没有了预期，也就没有了失望，现在国家不允许公务员从事第二职业，但是我们这批大学生回家创业的例外。"

没有了家人的支持，缺少了亲人的陪伴，李超峰一个人经营着养殖场。此外，他还担任着村里的职务。听村里人讲，很少有大学生回来做事，所以村里人大大小小的事，都喜欢让热情的李超峰参与其中。从分析养殖业的行业前景，到一个个去研究养殖各种动物的利弊；从一只羊开始，发展为养羊、养斗鸡、养鱼；从仅有的五千块钱启动资金，到后期有餐饮行业想要注资农家乐……"我们村在我的带动下，大概发展了二十多户养羊场。村里很多青壮年都选择了出去打工，在他们的意识中做这一行很苦很累，而且也挣不到钱。后来随着国家对养殖业采取的一些激励政策，以及我这个养殖场盈利还不错，所以，他们就加入进来了。可是这些人，只赚得起，但赔不起。缺少了兴趣导向，结果市场前景刚出现一些萎缩，他们就放弃养殖从事其他行业了，"李超峰说道，"后期为了扶持村里的贫困户，我把几只母羊交给村里人负责养，给他们提供饲养食物和技术，只要一只小羊，其余的均是他们自己的收入。可是这些母羊终归不是他们自己的，这种想法实行了半年就终止了。现在国家的扶持政策中也有类似的做法。"

"看！那是我两个孩子的'宝马'！"李超峰向我们指向两头羊，"我们的孩子没有什么玩具，这些养殖的动物就是他们的玩具。"和其他家庭的孩子不同，在李超峰的小家庭里，因为妻子对养殖业特别反感，所以宁愿在家闲着也不愿来养殖场帮忙，而忙碌的李超峰很难拿出固定的时间与家人相处，总是在养殖场里和这些动物为伴。听村里人讲，他们家的孩子在外人看来很可怜，大夏天的赤身在鱼塘里玩耍，爸爸妈妈都顾不得管，只有哥哥妹妹两个人在鱼塘里，其他小朋友都嫌他们脏，不愿和他们玩。不一会儿，李超峰六岁的女儿来了，很开心地一把抓住了一只兔子，抚摸着兔子的耳朵与它玩耍……"你好幸福哟！小朋友，你拥有这么多的玩具，每天和这些小动物们一起玩耍。"我说道。看到她幸福的表情，我顿时心里安慰了许多。

"最近养羊业的市场不是那么好，而且一只羊的投入成本比较高，资金运转不是很顺利，我从事养羊业近14年了，似乎也大概能够看到这个行业的周期了。所以，现在打算继续保持养羊的规模，增加对斗鸡的养殖，"李超峰说道，"我打算把这些斗鸡大面积肉食化。"斗鸡一般是用于竞技比赛，在国外尤其盛行。斗鸡养殖存在很大的风险，内部斗争过于激烈，1 000只斗鸡，一半以上都会由于内部斗争而死亡。一个斗鸡场里，用不了三天就会争斗形成一个排名，新来的斗鸡基本上都会在内部斗争中死掉。上一年的饲养经验表明，也正是因为斗鸡的这个习性，使得斗鸡肉较之于肉鸡、家养鸡更受大家欢迎，所以存在一个待开发的市场。

"这几只兔子是我弟弟放在这里养着玩儿的。"李超峰向我介绍道。这个一开始不被看好的养殖场,现在似乎成了城里人消遣的地方。三五好友过来,吃着小炒鸡,吃着兔子,再到池塘里捉一条鱼,再加上几个小菜。"现在已经有很多人想把这个养殖场发展为农家乐了。可是一来考虑到自己的时间和精力肯定不够,二来考虑到自己最初的目的只是养殖,所以都婉拒了。"李超峰说道。有条不紊的解释,洋溢着自豪之情的介绍,让我感受到了一个人在从事着自己热爱职业时的幸福和满足感。

因为热爱,所以执着;因为兴趣,所以坚守。李超峰的故事结束了,但他带给我们的感受却不仅这些。调研的20多天里,我们访问了不下10家养殖场,接触到了养殖各种动物的企业家,大家对养殖业全都不看好,不尽地抱怨。然而作为进入养殖业近20年的李超峰为什么能够乐在其中呢?我想,除了他那浓厚的兴趣导向,还有作为大学生的基本素养与研究能力支撑着他。从养殖物的选择,到养殖物的医治,再到自成一家的养殖技术,形成了一套独特的养殖方法。回想起问卷里关于企业家"你认为自己最少应该达到哪种受教育程度"的问题,基本上所有企业家的回答都是不低于现有的教育程度。看来,对于创业者而言,受教育程度水平的高低对于创业是起着很大影响作用的。

李聪

中国人民大学2017级硕士生

2017年河南调查

二 生存

平凡不平庸

受访人：陈志（甘肃）

在张掖市高台县的创新示范大街寻找样本企业时，一个书有"红色文化艺术发展有限公司"的牌子引起了我们的注意。核对样本企业，我们发现这家企业的信息记录地址位于南城河街而非此处，好奇心驱使我们拜访了这家企业。

初心

走进公司，"红色文化"的氛围扑面而来：房间内挂着酣畅淋漓的大幅毛体书法，各种民俗文化产品陈列其中。企业主陈志女士和善可亲，热情地接待了我们，并答应接受我们的访谈。

陈女士的父亲是一位农民，只有小学文化水平，但他一直坚持毛体书法的练习，在国内达到了很高的水平，也很有名气。在父亲勤奋好学以及对艺术追求的感染下，她最终选择成为一名民间民俗文化传播者。

在短暂地做过工商个体户

部分产品陈列处

陈女士（左）为访员演示民间艺术品的制作

陈女士（左）为访员展示部分艺术品

公司民俗艺术品

和外出务工之后，她发现这并非其所好，于是她走上了学艺的道路：四川、山东、甘肃、湖南、新疆……祖国的大江南北都留下了她学习的足迹。她最终掌握了装裱、珠绣、丝带绣、编珠、麦秆画、剪纸等各种民俗艺术，并学成还乡，开始她在民俗艺术上的创业。近十年的时间过去了，如今她已经将小小的工作室发展成了一家成绩可圈可点的公司。

正心

交谈时，一位姑娘走了过来，她们相互之间比画了几个动作，让我们一头雾水。陈女士解释道："这也是我们公司的一名员工，不过她是聋哑人。给我们公司做这些民间手工艺品的女孩也有很多有一些残障，我们教给她们这样的手艺，让她们来做一些工作，也能增加她们的收入。"

原来，陈女士还一直关注着扶贫与助残的事业，她发现这样的民间工艺产品能够给这样的弱势群体一个很好的增加收入的机会，通过免费教给他们一些手艺，让他们能靠自己的劳动加快致富，实现自我价值。

创新

公司文化墙

交谈中，陈女士还给我们介绍了她这两年的一些新想法。她在农村有偿收集了一些山上的野生艾草，准备以此为原料进行一些生产创作。她还鼓励农村的空闲劳力用传统的纯手工工艺将村里的新小麦制成特色的馍馍，并包装销售。2018年她还作为张掖市非物质文化遗产传承人到俄罗斯交流学习。她希望有一天我们的民间艺术也能走出国门，走向世界。

平凡不平庸

陈女士的第一笔创业资金来自省妇联的支持妇女创业的贴息贷款，之后也享受了政府在贷款、房租等方面的支持。我们在交流中也深刻感受到政府支持创新创业、支持民间艺术发展对企业发展的帮助，而陈女士也在用自己

访员与陈女士（中）合影

的努力回报社会。

我想，这样的中小企业正是全国千千万万企业的缩影，它们在国民经济发展中起着至关重要的作用，构成了国民经济最基本的组成部分。也许它们的规模算不上大，但是仍然可以为需要帮助的人带来更多的便利；也许它们的利润水平算不上高，但是仍然在为千千万万人的就业做出一份贡献。

人们总是拒绝平凡，但平凡不平庸何尝不是一种伟大？对于企业，亦是如此。可以平凡，但不平庸。

赵启宁

北京大学 2016 级本科生

2018 年甘肃调查

小小建筑劳务，巨大政策需求

受访人：马叔（河南）

将近傍晚，继寻访公司注册地址无果后，我们打通了法人马叔的电话。在简短地介绍寻访目的后，马叔欣然告诉我们新住址，并一路为我们进行电话引导。

马叔家住在一楼，我们进入家门后，马叔热情地招呼我们坐下，倒水泡茶，并且习惯性地递上香烟，我们连忙拒绝。但是这一细微的动作却将马叔淳朴热情的性格展现得淋漓尽致。

一切就绪后我们开始了正式的访问。马叔点了支烟，悠悠地开始讲述一家小建筑劳务公司的生存与发展历程。

马叔的河南腾之达建筑劳务有限公司，有固定的七人小团队，主要在市场接单进行建筑和家装等业务。马叔表示在这个房地产经济火爆的时代，有许多像这样的小型建筑劳务公司，这些公司最大的困难就是融资问题。他们去年也进行过一次融资，但最终以失败告终。银行也不愿将大额贷款贷给这类小企业，因此他们只能以个人的名义抵押房产证进行贷款，然而贷来的金额并不足以支撑后续的技术发展和人才引进，于是劳务公司的人才和技术创新改革便陷入僵局。马叔表示，像他们这样的小型建筑劳务公司，市场上很多，订单也是从已有的社会关系中获得。也就是说，订单一般是由朋友熟人介绍而来，基本接收不到社会订单。而且注册公司的目的是方便走账，在利益纠纷时获得法律保护，并没有进行广告宣传。市场上还有许许多多这样具有建筑劳务性质却没有注册的工人团体，都是靠社会关系获得订单维持运转。马叔也感慨道，建筑劳务的工作没有固定的办公地点和工作时间，生活和工作没有明确的区分，朋友介绍干活也凭人品和义气，几乎都是先投入资金，待工作完成后回款（回款周期一般为1—3个月），但也因此回款速度慢，一定程度上限制了公司的再投入和良性发展。

随着问卷调查的深入，马叔对问卷设计的专业度和全面性赞赏有加。我们告知马叔，我们希望了解中小微企业的发展问题，并得到真实的相关发展数据，并将收集整理后的数据提交给有关政府部门作为制定相关政策的参考。马叔听后，立即情绪高涨，他表示之前其实也有过社会订单找上门来，但是由于订单金额过大，回款期长且后期讨债难等现实原因，他们敢想却不敢接手。政府近年实施公布失信人员名单的政策对他们极有帮助，但由于制度建立初期，小型企业与个人的失信信息并没有被政府部门捕捉，也就是说该政策的威慑力并没有波及非政府官员和非大企业人员。他希望，政府对失信人员的管理能够精准到基层，这样才能更有效地解决讨债问题。另外，在谈到"一带一路"问题时，马叔表示："这样的国家大事我们平民百姓也非常关注。"作为建筑劳务公司，他们也极其渴望为祖国这样的建设大计贡献自己的力量，但却苦于没有切入口和具体的实施规划可以借鉴。因为小公司没有什么资质，不敢有大动作，作为老板在冒险前进的同时也需要考虑员工，不能贸然带着大家离开家乡去寻求发展，可谓瞻前顾后。

在不断的交谈过程中，我们真切地感受到了马叔完善的法律意识与家国情怀。老实淳朴热情的马叔将他的想法和愿望传递给我们中国企业创新创业调查团队，我们也会带着企业家的希冀一步步扎实地做下去，了解更多企业家的故事和疑虑，将这些表达出来，呈现出来，为政府和社会寻求更好的解决方式提供样本。

邹凌燕
安徽新华学院 2017 级本科生
李政琨
郑州市勤礼外语中学 2017 级高中生
2018 年河南调查

布海沉浮录

受访人：侯女士、买买提先生、吴总（浙江）

在面料纺织行业中，浙江省绍兴市柯桥区的名声可谓如雷贯耳。自1978年改革开放以来，柯桥区从最初的小集市一步步成长为亚洲最大的布匹面料集散中心，历经无数辉煌。然而，在全球产业转移的浪潮与日益严峻的环保压力下，以粗放大宗型面料行业为主的柯桥企业愈来愈感到寒冷的气息。徘徊、守望、突围，三位布料以及相关行业从业者的创业经历，或许能让你品味搏击于这片布海之中的酸甜苦辣。

徘徊："布"知所措

"生意一年比一年差，这个行业是没有希望的。"

20世纪90年代，侯女士便搭上了柯桥布料崛起的"黄金快车"。"那个时候还是个体户，自家有布料厂，总员工大概招了有四五十人，生意好得不得了。"侯女士回忆道。和大多数小布料商一样，侯女士开始创业时的主要客户来自国内各大纺织服装市场。"一开始物以稀为贵，生产什么布都能卖个好价钱。即使后来竞争对手多了，在信息不发达的前提下一般大宗的布料也肯定不愁卖。因为这种布料在沿海地区过时了，还能卖到武汉等内地，肯定不会压仓的。"谈到创业头15年的黄金岁月，侯女士难得地面露喜色。

风水轮流转，2008年金融危机让侯女士的生意急转直下。"很多问题之前也存在，但我们走量就可以掩盖住。现在量走不动了，就都冒出来了。"

据侯女士介绍，金融危机后，像她这样的面料企业至少要面临三座大山：第一座大山是下游倒逼导致生产模式转变。网络基础设施的普及使得前沿的服装设计理念不再是可远观而不可亵玩的空中楼阁。纺织业的款式变动十分快速，这就要求上游的布料业进行弹性供货（即小批量快速地切换生产），从而对布料企业的研发能力与用工的技术水平提出了更高的要求，而且这种更迭是全国性的，继续沿用之前单一品种大量生产的模式会造成严重的货品积压。"你看对面服装市场三楼的摊位，全是上个月 80 元一匹的料子，现在 4 元钱一匹都只有中东客商才要。"

第二座大山是日益严峻的环保压力。侯女士认为环保事业固然重要，但小企业为此却付出了沉重的代价。而政府秉承"抓大放小"的策略，很少对小企业的环保改造提供支持。"环保管制越来越严格了，直接导致了许多小企业做不下去。这里面的寻租空间很大，有好几次政府要我们采购环保用的各类设备，价钱都比市面上的高很多。但我们只能从他们这里买，不买的话第二天就会被贴封条。除此之外，环评也要我们小企业自己承担费用，做起来却没有任何的指导性标准。我们这个厂去年就花了 200 多万元走关系过了这一关。"侯女士诉苦道。此外，环保行动还关闭了大部分小印染厂，间接导致剩下的大印染厂得以坐地起价，提升了布料行业的上游成本。

第三座大山是愈加紧张的劳动力市场。侯女士反复强调招工的难度："原来做我们这一行的都是外地人，本地人嫌麻烦不想做。现在倒好，连外地的工人都招不到了。"在各类紧缺的工种中，技术工是最让侯女士头疼的。当前行业的快速转型要求每家布厂都能紧跟时代潮流，拥有掌握多种工艺的布料开发人员，但老熟练工觉得累，不愿意干，年轻人又没有多少人愿意投身到这种"夕阳产业"中。赶不上潮流，侯女士只能抱着原来的大宗布料和千千万万小布料商一样进行逐底竞争。

在"兆丰年"三个烫金大字下，侯女士对自己生意的未来却并不看好，直言"没有希望"。夹在三座大山中的，是和她同样挣扎的数以万计的柯桥小布料商。

守望："布"言放弃

在买买提先生的帕米尔餐厅，我惊诧地看着工商局提供的样本名录，询问买买提先生："您注册的是一家进出口贸易公司，怎么却做的是餐饮业的生意？"买买提先生的汉语不熟练，只能通过他上过大学的侄女进行翻译："2015年时做过进出口生意，后来遇到了一些事情，就不敢做了。我很伤心，但只能先放下进出口的生意，开了两个餐厅养家糊口，等环境好转了再尝试吧！"

买买提先生的创业经历可谓跌宕起伏，他的父亲原本是新疆某地党校的校长，家世可谓根正苗红。但从小买买提先生的父亲就教育孩子们："不能因为我是校长就以为自己的生活容易了，要以走后门为耻，以自力更生为荣。"甚至要求孩子们未来不能从事与政府相关的事务。买买提先生后来就进入了技校学习裁缝手艺，准备一辈子做个裁缝。1991年，已小有名气的买买提先生就在新疆创建了个体户，生意越做越火。1997年，买买提用过去几年积攒的资本扩大生产规模，创办了一个布厂。怎奈何生意江湖，暗箭难防，刚当老板不久的买买提就被人骗了一把。"我们这行原来都不签合同，都是先赊账，然后慢慢回款，为此还需要借款。但有一次一大单子的货发了过去，钱却没要回来。后来我亲自去追了几年债也没有进展，布厂做不下去，被迫破产了。"买买提先生回忆起当时的情景，眼角似乎泛起了一点泪光。

离开自己心爱的裁缝事业，买买提先生的磨难还没有结束：还有一大笔债款背在自己身上。2000年，语言不通的买买提先生孤身一人离开了家乡，在浙江、江苏、重庆、河南辗转打工，为的就是早日还清债务。"他当时真的是什么活都做过，替人做煤球、刷碗、扫地，还因语言不同而倍受欺负，吃尽了苦头。"买买提先生的侄女感慨地补充道，"这一还，就是十多年。"

2012年前后，买买提先生在南京打工时听到同伴说绍兴的布料生意非常红火，他多年的裁缝梦想又萦绕心头。债款还清后，买买提先生和打工中认识的三个维吾尔族老乡到绍兴一起合资办起了布料个体户，并带动了一批维吾尔族老乡前来做生意。"当时觉得自己应该熬出头了，也没想到后来遇上了这种事情。"

当下，买买提先生的餐厅相当红火，但这并没有转变他创业的初衷。"我还是希望做一个好裁缝，把自己的作品卖到五湖四海。"买买提先生一手递上一盘赠送我的炒面，一边发自内心地说道："我以前在老家的时候，每次遇到来做调查和旅行的大学生都免费接待，包括你今天来，我也很开心。"

突围："布"甘平凡

中昆投资集团是我这十多天以来采访过最大的企业。在进入办公室采访吴总前，负责联络的钱总笑着提醒我："我们吴总的创业经历与社会眼界，可真值得你们大学生好好品味一番。"

和其他布料商人一样，2000年以前的吴总也是从个体户起家，一步步发展成面料企业。但2000年前后，吴总发现做布料的钱越来越难赚了，便开始探索其中的缘由。2002年，思有所悟的吴总开始转行，成为绍兴实业界转型商业地产的第一批吃螃蟹者。

"我们创业的一批伙伴原来都是做布料的，有来自国企的，也有个体户。大家当时都觉得，绍兴的布料行业这样做下去，迟早要被时代淘汰，因为大家都看到了成衣纺织业的前车之鉴。如果不是咱们行业特殊，绍兴的面料厂商早就搬到东南亚去做了！"吴总介绍道。和成衣纺织不同，面料行业之所以能在绍兴存活到今天，源于其相对地方化的工序、销售模式与合作网络难以像制衣一样被替代，但已经有成衣制品商开始探索东南亚地区的面料渠道。"东南亚、南亚地区的劳动力成本低得让人不可思议，光孟加拉一个国家的劳动力就足以让我们面料行业的劳动力市场受到巨大威胁；此外，我们自己的面料又大多锁定在低端大宗产品上，没想过和日韩高档面料竞争。"面对这种围追堵截的局面，吴总下定决心要带领一批有想法的布料商突围，赶超日韩同行，开拓海外高端市场。

喊口号容易，实干则困难。随着中国面料业的发展，赶超日韩的关键已不在技术，而在于信息与渠道。吴总自信地分析道："一方面，国外的高端成衣厂商非常希望能够用到我们物美价廉的面料。上次有一个巴黎的设计师团队到我们柯桥来考察，竟然找不到适合他们需求的面料，只得空手而归。这是因为国内的布料厂商大都是根据国内市场的需求设计面料，基本不知道国际市场对面料的喜好。以我多年对咱们行当的了解，如果我们能知道他们的需求，就一定能够满足。"吴总补充道，"另一方面，我们自己的一些高端面料厂也希望走出去，开拓新市场。像绍兴女装面料的领军者巍腾，就非常希望进军国际高端市场，但苦于找不到中间人和渠道而一直无法推进。"

在吴总看来，以跨境电商为概念打造的商业地产集群是支撑绍兴纺织行业腾飞的破局之道。一方面，即使是巍腾这样的单个顶尖厂商，要想打通海外渠道也是难上加难。但如果能够通过商业地产将成千上万的跨境面料商集合起来，共用一张柯桥名片，去进行区域级乃至国家级别的展销活动，将格外具有竞争力。另一方面，以集团之力进行跨国展销的同时，还能够带动上游设计研发、中游面料制造、下游报关审批与中间商筛选等一系列程序的体系化，一并解决面料行业的其他问题。"我希望在我们跨境电商轻纺产业园的企业能够抱团取暖，在享受一条龙服务的同时也向中国展示柯桥织造的实力。"吴总自信地说道，"我可是第一期就投资了 15 亿元，对这个项目持 100% 的信心。"

结语

八月的艳阳下，绍兴柯桥的布料商们在行业严冬中以自己的方式顽强生存。

侯女士还俯在记账台前，盘算着下一个月的赊账，担忧着新生产的布料花型会不会滞销；

买买提先生还倚在餐馆门前，招呼着熟客，心念着自己的裁缝梦想；

吴总还奔波在大街小巷间，游说着心怀狐疑的商户与官员，展示着自己为绍兴纺织未来绘就的蓝图。

愿努力生存的人，都能被温柔以待。

余昌达
北京大学 2017 级硕士生
2018 年浙江调查

暑土气，寒凉心

受访人：尹阿姨（河南）

尹阿姨所创立的家庭农场是我们今天所要访问的一家样本企业。第一次与尹阿姨取得联系，说明来意后，尹阿姨说："哎呀，你们不要来问我了，不要来向我们学习了，我都是满满的负能量，我这个农场也做不下去了。"我和搭档还是坚持要过去拜访，毕竟联系上的企业不能就此轻易放弃。尹阿姨说："我现在在地里浇水，气温39度，你们要是想过来的话就过来吧。"于是，在得知尹阿姨的具体位置以后，怀着农场为何经营困难的疑惑和好奇心，我们前往地里寻找尹阿姨。

也许是我们的坚持和不惧暑热的拜访打动了尹阿姨，她很热情地带我们前去参观她的农场，并讲述她在创办农场过程中的辛酸历程。于是，我们第一次在田间地头，站着完成了一次近两个小时的访问。

第一年：假药毁田

开始创业时，尹阿姨一共收集了70多家100多亩零散的地块，以每亩500元钱的价格承包下来，合同期限是10年。她有着初创企业时的信心满满、志在必得，拿出了要大干一场的信心、决心和毅力。

但是在她开始经营的第一年，就因农药经销商的一批假药而遭受重创。当她前去找零售商时，零售商却告诉她不急，让她放心等待。然而，尹阿姨在等待了十天以后，不仅没有讨到相应的说法，也错过了最佳除草的时节，看着地

夏日的田地

里疯长的荒草，尹阿姨只好又雇了工人来手工除草，但除草的人工费几乎花完了庄稼所有的收成。

但那时的尹阿姨并没有被第一年的重创所打倒，她依旧信心满满。只要青山在，不怕没柴烧，只要这块地在这里，希望就还在这里。

第二年：天灾弄人

接下来的旱灾，让尹阿姨凉了心。第二年伊始，在刚发现有一点旱情，但方圆百里却无一口井可用时，尹阿姨立刻把这个情况反映到政府有关部门，申请有关打井的补助。尹阿姨寻思着，水利局每年都有打井的补贴，这笔钱应该会很快到账，有了水就可以浇灌这百亩的庄稼，有了水，玉米就不会晒焦；有了水，花生就不会长得大小参差不齐；有了水，一切都好说！

然而，三年过去了，一口井都没有打成，一分钱也没有见到。

迫于无奈，尹阿姨只能自己掏腰包打井，耗费了相当大的财力物力，勉强打得一口可以出水的井。有了水，接下来是供电，只有通电了，才能把水给抽上来。家门口的电线已经埋进土里一年多了，但是从来没有通电。当尹阿姨前去询问政府部门的负责人员时，得到的回答是"不可能会供电，因为老鼠会咬到电线,电线都咬烂了,还怎么通电呀!"

电线深埋在地下七八十厘米,供电局的负责人员却给出了这样的解释。因为老鼠咬电线,所以不能供电。尹阿姨说,这样的说法她只觉得好笑又愤怒,投诉无门,她只能默默忍受着这不公的待遇。

种种怪象和对现实的无力感都让尹阿姨创业的激情一点点地慢慢消磨。无奈之下,她只好自己买了400米电线,自费架起了电线。在炎热的午后,当别人都在空调屋享受清凉的时候,她和她的儿子却在烈日下给干旱的禾苗浇水。付出了那么多的辛苦与努力,最后获得的又是什么呢?

第三年:骗保事件

对于小麦保险,国家政策补贴是50%,各地方也有相应的补贴,但是尹阿姨购买小麦保险的投保过程却是一波三折。

第一年,由于其他原因,没有投保成功。第二年,尹阿姨把投保金额1 444元交到村委会,但是村委会竟然没有把钱上交。当小麦因一场大风被吹歪以后,尹阿姨前去理赔,保险公司却说,没有缴纳保费。尹阿姨前去村委会,要回来了当时的保费,但是已经发生的损失却无人为她买单。第三年,尹阿姨亲自缴纳了保费,当小麦被冻坏后,联系公司来理赔,保险公司却问尹阿姨想要多少,尹阿姨要求按照保单理赔,但直到保险期过了,也没有见到自己的保单,一直到现在都没有理赔到位。当询问工作人员的时候,工作人员没有正面回答她的问题,反而把这些问题一个个推向别人。或许这些理赔额

采访过程中

对于这些工作人员来说微不足道,但是对于一个上有父母、下有儿女的普通农民家庭会造成多大的影响,又有谁会真正考虑过?

感想

尹阿姨在给我们讲述创业这三年来的故事时,几度哽咽。创业的初衷很简单,就是为了挣够两个孩子上学的费用,为此他们夫妻俩借了17万元创办农场。尹阿姨对自己农场的规划是,采用紫外线超平技术,再打上四眼井,埋上喷管,全部机械化操作。未来她还想采用互联网营销,种植新型农作物,但是这些却被困在了第一步。

用尹阿姨自己的话说,"创业之前我有一辆车的钱,创业以后,我现在赔了一辆车"。尹阿姨一再告诉我们:"不要到农村来,事实并不是你们所想象的那样。有很多东西会束缚你们。"她害怕大学生们到了农村打算施展拳脚时,却被这一件件可笑、荒诞,又让人无比寒心、无奈的事消磨了宝贵的青春年华,曾经踌躇满志,现在空了钱袋,凉了人心。

尽管尹阿姨说到许多不尽如人意的事情,但当我们问到她的幸福程度时,她依然觉得自己是幸福的。我们从她身上看到更多的是坚强与正直,她吃苦耐劳的精神也深深地感动着我们。这也许是草根企业家最本质的特征吧,没有什么优势条件,唯有靠自己的努力与打拼,去赢得自己未来的美好生活。

和尹阿姨结束聊天以后,我的心情久久不能平复,我感受到了在这样烈日骄阳的暑气之下,站在我对面的这个女人,对曾经的经历无比寒心。作为一个本地人,我却是第一

访员与尹阿姨(中)在田间地头合影

次了解到这些问题。政府制定的政策的确有一个好的初衷，然而，在落实过程中，面对一层层官员的互相推诿、克扣，怎样使得农民企业家们能够拿到他们理所应得的补贴，怎样使得农民企业家们真正享受到中央政策的扶持，从理想到现实，还隔着这被晒焦的十里地的距离。

李雯
东北财经大学 2018 级硕士生

付珂语
中国人民大学 2016 级本科生

2018 年河南调查

企业生存之困

受访人：胡先生（浙江）

  这次调研对我来说确实很难得，这种难得至少体现在一点，那就是我们的调研地——玉环。浙江别的调研地点，譬如淳安、慈溪、嘉兴，都至少有所耳闻，而玉环对我来说则是一个完全陌生的地名。我相当确信，如果不是这次调研，我这辈子应该不会在这个地方住超过三天。

  然而，虽然对于普通人来说，玉环这个名字非常陌生，但在经济表现上，玉环在全国范围内却非常耀眼。尽管至今未通高铁，也没有高速公路经过，对外的陆路连接只能依靠路况一般的省道，但这个只有62万常住人口的县级市却在2016年就实现了465亿元的生产总值。而一些我们很熟悉的品牌，例如苏泊尔，就是从玉环的一个小厂慢慢做大，并推向全国的。换而言之，尽管先天条件、基础设施并不那么完善，玉环却是一个民营企业、中小企业数量可观且有生命力的地方。当然，这种生命力是完全聚集在制造业上的。我感觉，这个城市的一切，都是在为制造业直接服务的。

  当然，这个城市的制造业企业更替也是很快的。很多工厂都不会在厂房挂出自己的企业名称，因为他们所在的厂房是租来的，很多都是厂中厂，工人把机器搬进来就开工，如果做不下去了，或者有更好的厂房可以搬迁了，就找辆卡车，花个两三天便能撤场。而且，过去国家要求小微企业每年只能开具50万元的发票，但很多工厂的年销售额达到150万元左右，因此一个工厂可能会注册三四个企业用于开出足够的发票，因此不挂出自己的企业名称可能也是不太确定应该挂哪个吧。这也让我们的调研过程非常艰难，因为很多登记地址只登记到了某个工业园区，而政府、周围的居民，甚至在企业内工作的员工都不清楚自己工厂注册的企业名称，而即使他们知道企业的某一个名称，也很有可能不是我们样本中的那个企业名字，这使得我们寻找企业的过程举步维艰。当然，那些成功完访的企业样本也自然给我们很大的收获。

整个调研下来印象最深的，便是一位胡姓的企业家。他的经历可以说符合了玉环，乃至温台地区大部分制造业企业家的经历，他也说出了大部分企业家所面临的困境。他来自普通家庭，学历不高，至于创业的想法，可以说是水到渠成，就是自己在外打工一段时间之后，出于家庭原因或者自己更愿意选择相对自由的生活方式，便回到家乡，兴办了自己的工厂。然而，所谓兴办的工厂，其实都是很简单的小作坊，就是在村里找块地方，搭个棚子，买几台二手的机器，再拉来几个亲戚朋友或者他们的孩子，就在本村开始了自己最初的创业生涯。

事实上，这种起步多少都透露着一些违法违规的味道。胡先生本人也坦言，当初的那些厂房，若是细究起来无一不是违章建筑。然而，他也表示，温台地区的工厂，现在无论大小，当年几乎都是这样起步的。他本人开厂是在2000年左右，当时温台地区大大小小的厂房星罗棋布，但都是从家庭作坊起步。以今日的眼光来看，这些厂房条件都很简陋，工人的生存情况也很恶劣。而这些工厂也并不是由科班出身或者精通企业管理的人开设的，当时在温台地区开设工厂的，大都也和胡先生一样，在外打工学到了一些手艺便回到了自己的家乡。而且当时对于环保、消防的要求都不高，企业开设的成本相对低，风险也相对小，加上制造业往后很长一段时间都很景气，温台地区制造业的品牌也就这样打响了。

不过，这些工厂有着非常令人惊奇的地方，那就是，虽然这些工厂无论在当时还是现在，生产的环境都不尽如人意，质控管理制度也相对不健全，但是其生产的产品质量却是相对上乘的。玉环地区的汽摩配件、家具以及阀门在国内国际市场上都有很高的占有度和相对良好的声誉。而在玉环，涉及这些行业的企业成千上万，真正做大的却很少，绝大部分也只有一个厂房、十几台到几十台机器而已。若真有大厂，也只是在行业上游最顶端有一定占有比重，而往下的零部件生产，仍然又是成千上万的如同胡先生的工厂来保证的。究其原因，就是这个行业涉及的产品零部件过于复杂，而且对精度、经验等要求相对较高，几个大公司也很难涵盖所有的零部件生产，交给小企业也是再正常不过的选择。其实胡先生本人就是做汽摩配件下游生产的，主要是给上游汽摩配件厂提供最初始的零部件，而生产方式则是其上游企业提供钢材等原料，胡先生将其加工成零部件并收取加工费用。

其实相对于他人的艰难创业，胡先生表示自己的创业经历相对顺利。自开始建厂以来，胡先生就同自己上游企业的负责人认识并合作至今，而他这种情况在温台地区的制造业企业中很常见。很多企业主都是打工者出身，本身有一定的操作技术，而且在这个圈子之中，也会认识很多上游企业做采购的工作人员。对于他们来说，起步是一件很自然的事情。上游企业需要扩大自己的生产，需要更多的零部件，而对上游企业来说，熟识的人新开设的工厂正是最好的生产商。胡先生说，这十几年的代加工也没有出现什么摩擦，订单量也随着整个行业的发展而提升，至于人员、机器更新、经营等，都随着上游的发展而配套发展，没有太多大动作或者自己的主观动作，也能做到一年营业额百万元，足够一家温饱。对企业来说，虽然风险还是相对存在，但这些风险更多来自政府的管控，而非经营层面的缺少订单，抑或资金方面的经济链断裂。当然，胡先生也表示，任何一个小的风险对于企业来说也很可能是致命的。

不过，无论从数据还是从企业家的感受都能看出，玉环的制造业，尤其是家具、汽摩配件和阀门这三大支柱产业，从 2000 年左右开始就一直处在蓬勃发展的上升期。然而，我发觉在这股发展的浪潮当中，选择对自己的产品进行升级，在定制、灵活度、质量上有发展的企业主很少；选择往上下游发展的企业主也很少；想到引入现代管理模式，让企业在做大做强之后能稳定发展，亲戚朋友之间不至于出纠纷而分家的则更少。其实，玉环的几个支柱产业之所以能有如此之多的经营公司，是因为最早自 20 世纪 80 年代开始有一两家经营企业，在做大之后就找到自己的亲戚朋友一起做，过了一段时间亲戚朋友出现矛盾就各自开厂，而各自开厂之后发觉自己精力不够，便又拉来了新的亲戚朋友一起做。在一段时间之后这些新的亲戚朋友之间又出现了矛盾，便又重复这一过程。这种指数式增长，加上新加入的小企业，构成了现在玉环近乎村村都有工业区，但是整个工业区却缺少本土大厂的情形。确实，玉环也有很多制造业大厂，但这些大厂多是外地人乃至外企的投资，本地从小厂逐渐建立起来的大厂占比是很低的。

然而，胡先生表示生意和过去相比是越来越难做，而且这种难做更多来源于政策指令方面。政府喜好看到的是成规模的上游企业，觉得它们是适合城市牌面，拿得出手的大企业。而最近台州地区两场人员死伤惨重的大火，更是让政府对于小企业的整治力度瞬间加大。胡先生表示自己现在这个厂房使用了只有不到一年，而且也不确定能否在此地经营到2019年。与此同时，一些不符合企业实际运营的政策和执行过程中"一刀切"的情况，也给企业的发展甚至是维持经营都带来了很大的困难。胡先生说，政府一方面大力关停这些相对小的企业，但另一方面却没有给它们存活的方式。最终的结果只能是导致现在玉环的中小企业人人自危，生产经营的成本随着不定期的搬迁、关停和企业家的信心降低而提高，生产规模、产品出厂数量也随着这些不确定因素而有所降低。

胡先生说，其实很多企业家都面临类似的情况。政府兴建的工业园区，对制造的产品类型、产值都有很高的要求。即便是胡先生已经开办工厂有十余年，而且每年都会买进新机器，也达不到政府要求产值的1/5。而且这些政府建立的厂房所要的租金也往往是普通小企业所不能承受的。因此，这些企业别无选择，只能选择在村中建厂，或者租用厂中厂。即便它们愿意配合政府工作，也愿意购买和安装政府所要求的环保和消防设备，但是它们能否生存下去依旧是个未知数。

对于这种情况，其实胡先生也很委屈。他说，自己建厂这么多年，做的产品也是供应给了别人，获得了市场认可，也算是为当地经济发展做了贡献；

上游的大型企业虽然相对来说正规，看上去更加风光，但是它们的成就也是建立在玉环几百几千家像他所拥有的这家企业一样的小企业之上的，如果没有这些小企业来替大企业生产零部件，玉环也不会那么吸引大企业进驻，也不会有这样的经济发展。但是仿佛只是一瞬间，它们就成了政府的眼中钉。胡先生说，一场大火烧去了他们所有的合法性、他们存在的合理性和他们对产业链的贡献，而他们配合整改的心态都被忽略了。他没有开大厂的野心，也没有开大厂的能力，他只是想在符合规定也符合自己实际的状态下，做好自己本分的事情。他觉得，自己这样一个简单的要求，不应被"一刀切"的政策给禁止。而有他这种情况的企业家，在我们的走访中非常普遍。

其实，胡先生也提到了自己在创业过程中感觉到的一些难处。最首要的，便是自己作为下游企业完全受制于上游企业的风险。在玉环，整个汽摩配件行业都存在赊账的情况，平均赊账周期大概是三个月，即上游企业把这批零部件组装好卖出去得到款之后，胡先生才能得到这批零部件的加工费用。而且，胡先生自己很难做技术上面的创新，他只能根据上游企业要求的变化，按照对方的建议、同行的讨论，购进成套的机器完成订单。基本上来说，每年胡先生都需要按照对方的要求在机器上进行新的投资，导致他的投资效率相对较低，但其实他也是产品研发中研发链的最下游。资金的相对紧缺、回款周期长和投资效率低等多方面问题，导致了他没有将企业做大做强的能力。

同时，胡先生也表示，他也有机会通过贷款、借款来开办更大、更规范的企业，但是出于一些考虑他并没有这样做。第一是他自己对大企业管理完全不了解。家庭作坊的管理非常简单，但大企业就要有相应的分层管理机制。在这方面，政府也没有相应的指导或者帮助，他自己也不可能有相关经验。第二就是试错风险太大，这种几乎压下自己全部家当的投资，对于一个有老人小孩需要照顾的人来说，并不现实。第三就是能否持续运营其实是一个很大的未知数，而且这个未知数的取值不完全和市场行情相关。其中，有之前提到的亲戚朋友，意见不合，又没有建立起有效的退出或者应对机制而不得不分家拆厂的情况，也有整个市场相对不规范的情况。

胡先生所提到的不规范的情况之中非常普遍也是最为严重的，便是民营企业之间的商业贿赂问题。不过，在我们的调研中，民营企业之间的不规范行为并没有被调查。但是，按照我们调研下来的感受与企业家的反馈，这种情况很普遍，也在相当大程度上影响企业的生存和运营。诚然，中国有近乎最严格的《反商业贿赂法》，对于商业贿赂的门槛定得极低，而载明的处罚相对较高。然而，这么多年下来，《反商业贿赂法》在民营企业之间仍旧是一纸空谈。胡先生说，自己和很多企业主聊天，他们纷纷表示自己才像打工的。原因无他，每到节假日，相关企业送礼物往往都是送给采购经理或者车间负责人，而不是给企业主，因为他们才是有能力，或者说直接决定企业互相之间商业关系的人。胡先生说自己相对比较幸运，和他合作的上游企业做事比较规范，合作也很愉快。但是，如果他试图扩大生产，就要去找新的采购方，这个过程却是有很大困难的。换而言之，因为这种贿赂的存在，劣币驱逐良币的情况就很容易发生。

胡先生说，这种商业贿赂，其实对企业来说打击很大。一方面是增加很多成本，而另一方面，也使得企业的业务拓展困难重重。扩大自己的生产虽然相对容易，但是如果产品没有订单、没有去同别人竞争的平台，那便只能成为库存。总体来说，这种风气会使得整个行业内的从业人员的信心减弱，尤其是那些拥有想法的、试图提高产品质量和适用性的企业家，就会在进入市场之前产生诸多疑虑而可能最终作罢。换言之，整个市场还是相对短视的，对于长线的投资，其实民间的表现是不鼓励的。

通过调研，我认为温台地区的制造业之所以大环境不再那么景气，可能也和整个市场给我的感觉就是"缺研发，少设计"相关。私营企业家们在工序上、库存上、物流上的创新和改进可谓已经做到了极致。胡先生也说，他通过自己的改进，将一个本来一人只能同时控制两台的机器，改造成了一人可以控制四台的模式。但是，基于更高层面的技术进步、图纸研发，乃至公司管理等更加专业化的方面，很多企业家并不了解，也很难请到了解私营制造业企业发展的专业人员，政府也没有相应的指导。于是，他们很多时候只能在自己的领域一直走下去。

然而，很多企业家其实是有情怀的。2000年就开始建厂的他们，是很愿意走出别人不敢走、不想走的路的。虽然他们没有很高的学历，但是他们可以从工人的口头描述中就能了解到机器的故障和故障排除的方法。尽管他们不被政府所重视，但是他们依靠自己的人脉和产品，在制造业上走出了令人惊叹的道路。然而，可能正是因为整个市场都近乎由民营企业家来自己主导，这个市场虽然极具活力，也在以惊人的速度继续扩张着，但对于相对短视、没有远见的很多企业家来说，这是一个有些被动的市场。他们跟随别人的变化而变化，依照别人的要求来改变自己。他们往往要等到订单，才知道该换成什么设备，这也导致了虽然他们的产品很有竞争力，但却始终还是受制于人。他们的资金并不很充裕，却也能根据行业的发展来进行创新。只是可惜，这些创新所投入资金的使用效率相对较低。他们的情怀带来了很大的动力和魄力，他们的行动力比别的经济主体都强得太多，然而，这样的灵活和动力有时没能走到最高效的那个通道里面。他们需要了解情况的人来指导他们。他们是骨子里的生意人，他们很多时候愿意长期投资，但是需要看到这些投资落到了实处。

胡先生说，像他这样的企业，生存可能越来越难。他想要做大，但是缺乏资金的支持，缺少有价值的担保。他所拥有的知识更多是生产层面的，而他需要的，更多是管理、运营、研发这种更高层面的指导。他有亲戚朋友可以投资，但是缺少能让他们在为企业长期发展着想的同时可以平均获利的公平投资机制，以及合作破裂后对企业影响最小的现代合作机制。

胡先生是一位非常可爱而有代表性的企业家，他也和很多温台地区的企业家一样，感受到了生存的危机。他凭借自己的技术、能力和人缘，在过去十几年里逐渐站稳了脚跟。然而，随着制造业技术的升级，他也觉得自己迫切需要包括生产、研发、运营等各个方面专业的指导，而他需要的指导是针对他的行业的、有实际操作能力的，而不是校园中常见的学术型的、概括性的。他觉得过去讲钱好像很不好意思，但现在他越发觉得提早把钱的问题谈拢才能避免后续的无穷麻烦。他希望自己能在市场里有更多的参与，不光是在产值上，也希望更好地进入上游，参与到研发之中，一方面可以了解到行业发展的方向，另一方面也使得设计和实际生产联系更加紧密。他也希望市场更加透明、更加规范，可以让他有更大的信心，做一些主动的改变。

我想，他的希望，可能也是整个行业的希望吧！

佘煜轩
北京大学 2016 级本科生
2018 年浙江调查

通衢四省，厚德三鼎

受访人：余先生（浙江）

余先生的创业史，也是一个循序渐进的过程，一步一个脚印摸索着市场的方向。2008年，余先生以个体工商户的形式尝试进行理赔咨询的业务运营，取得了不错的成绩，便希望以公司制形式扩大业务规模。2013年，衢州三鼎索赔信息咨询服务有限公司正式成立，余先生希望将其打造成一家独立的民间通赔服务品牌。公司站稳脚跟之后便开始逐步扩张，短短几年之内，已经在杭州、宁波、嘉兴、丽水等城市拥有几十家营业网点、百余名员工。可以说，这正是一家由百余名"调解员"组成的公司，深入群众当中解决各种各样的纠纷难题。

余先生讲道，公司的业务理念、经营规模在全国都是处于领先地位的，他也立志将公司的品牌打造成为这一新兴行业的领导者。

三足成，鼎方立。余先生虽说是身为"调解员"大哥，但作为创

访员与余先生交谈

业者，少不了敏锐的商业嗅觉。在他的构想中，索赔信息咨询服务虽是公司的主营业务，但只有将事故三方都协调好、三方的业务都能涉及，才能形成真正的平台效应、规模效应。因此，余先生又分别于2017年和2018年创建了浙江三鼎交通技术创新研究院和衢州市三鼎保险理赔信息咨询服务有限公司。前者的定位是打造交通信息互联网平台，后者则是与保险公司形成紧密对接。保险虽是传统业务，但"互联网+"的模式可以让理赔信息咨询服务登上新的平台，完成"offline"到"online"的互联网转型。

在谈及未来的投资和发展计划时，余先生充满信心地表示，一方面，三鼎的业务模式可以在全国范围内进行推广，让这种创新的行业思路从衢州扩展到各地；另一方面，利用公司的业务优势，通过积累大量的现场照片和赔付信息，可以形成平台式的规模效应，让理赔信息咨询真正成为一个互联网模式的行业。"以后的理赔，只需要在现场按要求拍几张照片，输入一些事故信息，就可以在平台上很快查到相应的理赔信息，比现在打电话报警、叫保险公司要方便得多，车子也不用一直停在路中央阻碍交通。"余先生说道。现在公司通过经验积累的传统业务模式虽然稳定，但在业务发展上也有着相当的局限性，只有通过互联网转型才可以实现质的飞跃。这种运营思路上的创新，一旦得以实现，将会解决很多人的痛点，经济效益和社会效益都是相当可观的。余先生说，只要能够对接上滴滴那样的互联网平台，公司未来的发展空间是无限的。他为我们简单推算了一下，一旦公司的发展目标得以实现，市值甚至可以达到比肩当前互联网公司独角兽的级别。

当我们问到政府的角色时，余先生也表达了自己的一些担忧。理赔信息咨询作为一个新兴而特殊的行业，在市场里摸索着前行，政府所能给予的政策空间始终是他最为担忧的事情："政府真正应该给予我们这个行业的帮助，是让公司能够有一个自由的空间去发展业务，只要对社会有利，'法无禁止'，就可以去尝试。"

余先生所言，其实不仅是针对他的公司，更是切中肯綮地讲出了国家当前营商环境的一个痛点。当前我国市场经济正处于发展完善阶段，企业家的决策

三鼎公司的宣传页

往往受到很多非市场因素的影响,使得市场资源供需在一定程度上产生错配。理查德·坎蒂隆提出的"企业家精神",正是善于通过市场整合资源的才能,而这种才能不应被政策的压力过早扼杀。市场才是锤炼企业家的真正场所,政府只有尊重市场、厘清政商边界,才能让营商环境充满清新自由的空气。

即将离别时,我们拿走了一张公司的宣传页,发现封面上写着这样一句话:"凭此宣传册来公司咨询可报销打车费,若家庭条件困难,可进行医药费担保及垫付。"一句话,虽然不长,但却让人感受到了沉甸甸的重量。或许这就是企业的社会责任感,余先生没有忘记自己的"调解员"身份,从群众中来,到群众中去。就在前不久,当普吉岛沉船事故发生时,公司第一时间派人前往一线提供了理赔信息的咨询。这并不是纯粹的商业推广,而是希望在关键时刻通过提供及时专业的服务,解决伤者的困难,形成品牌口碑。

"成人达己,和谐社会,专业规范,客户至上"是公司的经营理念,也体现了余先生作为一个负责任企业家的社会服务精神。创业

访员与余先生(中)的合影

不一定是纯粹为了利益,余先生的故事让我们更加深刻地理解了"企业家精神"的含义——创业不仅是为了自己,更是为了他人。而这种奉献社会的精神更成为他创业道路上的指路明灯,也让我们有了更深刻的思考与感悟。

危思安

北京大学 2016 级本科生

2018 年浙江调查

田里天外

受访人：许师傅（浙江）

初访的缘分

许师傅是第一位愿意接受我们调查的企业主，他在杭州市星河名苑小区附近经营着一家配钥匙、开锁的小店，同时也提供手表、小家电、小五金等物件的维修和出售服务。虽然一开始很不情愿地推脱了很久，但在我们不断请求和保证不打扰生意、泄露信息的情况下，他终于答应和我们聊一聊。

于是，盛夏的杭州街头，我们和许师傅站在小店旁边的街边聊了两三个小时，从针对问卷题目的提问和偶尔有所延伸的交谈中，我们渐渐拼凑出了许师傅一步步从白手起家走到今天拥有稳定的小店的历程。

青田内与外

许师傅来自浙江省丽水市青田县。在表明我们的身份和来意时，听闻我们来自北京，许师傅便笑着表示自己曾经在北京待过一个多月。在问到他的父母等家庭信息时，许师傅告诉我们他的父母在巴西做皮鞋生意，他的很多其他亲戚也都在国外。因为对许师傅外出闯荡打拼过程中如此丰富的经历感到惊讶，我在访问结束后对许师傅的家乡丽水市青田县做了进一步的了解，发现许师傅背后的故事，亦是一方水土和一个时代的故事。

浙江省丽水市青田县，地处浙江省东南部，地势狭长，细窄黄浊的瓯江从两座翠绿色的山中穿过。全县总面积 2 493 平方千米，全县总人口大约 55 万。尽管青田县在"中国百强县"榜上无名，但它既是中国外汇第一县，又是人均存款第一县，还是房价第一县，被称为"中国华侨之乡"。

青田"九山半水半分田"的自然环境使其内部形成了非常浓厚的经商氛围。因为地处边缘，较少正统礼仪的束缚，为了更好的生活和更光明的未来，青田人不仅将视线移向了青田之外，更移向了大洋彼岸。早在三百年前的 17、18 世纪，青田人已经开始通过各种方式来到海外闯荡，并通过亲戚、老乡、熟人等构建起一张巨大的关系网络。20 世纪七八十年代，随着改革开放的实施和深化，青田人的海外移民达到了一次规模上的高潮。随着正常移民路径收紧和签证更加严格，偷渡成了许多青田人为了追求更好的生活不得已的选择。在这种背景下，青田人先是风餐露宿、偷渡国境，在欧洲地下工厂充当廉价劳工，进而借助"中国制造"势头开始中欧贸易，形成了一支独立的经济力量。就这样，在近 30 年的时间里，他们在欧洲建立起了一个隐秘的王国。

少年出青田

在对许师傅的家乡丽水青田的一方水土和一个时代有了进一步的了解之后，我对许师傅打拼和创业的历程似乎也有了更深入的认识。

和许多来自青田的年轻人一样，许师傅初中毕业便决定外出闯荡。青田石是青田县为数不多的可以算作特产的自然资源，因此许多人在外出之前会学习石雕、首饰的加工技术，算是出门在外有一门可以依赖的手艺，许师傅也不例外，跟着亲戚邻居中会打金首饰的人学了两天手艺。在许师傅离家之前，他的父亲已经来到杭州闯荡了几年，因此 1994 年，许师傅离家之后首先找到父亲，跟着父亲在街边摆小摊，做首饰加工的生意。

20 世纪 90 年代，璀璨靓丽的首饰店还没有遍布各大商圈，如今广受追捧的首饰品牌也还并未被大众知晓，街头首饰加工处于最繁盛的时代。涉世未深的许师傅跟着父亲，在街边的小摊上一锤一锤打磨着阳光下闪闪发亮的金银镯子、戒指和耳饰。

天外一场梦

1997年,许师傅通过首饰加工赚了点钱之后,就准备踏上千千万万青田人走过的路——到更广阔的天地去寻找生存与生活的转机,希望搏一个更光明的未来。

彼时,许师傅的父亲已经先行一步前往巴西,如果一切按照安排的那样,许师傅应该会追随父亲的脚步,取道韩国到达巴西,像他的不少亲戚一样在巴西扎根。青田华人移民巴西的历史可追溯到18世纪初,中巴两国建交后,尤其是20世纪90年代后,越来越多的青田人去到巴西,新华侨也逐渐向巴西经济中心圣保罗转移。新去的青田华侨初到巴西,因为大多是白手起家,大都通过"提包",即沿街兜售商品,完成资本的原始积累,随后便开始开店或摆早市,当有了更多的资金后,便与人合伙拼货柜,或单独进货柜,做起进出口生意。如今,青田的华商每年进口的货柜可达几千个,年进口数百或过千集装箱货物的公司已达数十家。

但是事与愿违,许师傅的出国计划并没有顺利实现,到达韩国之后,许师傅并未能顺利"黑"下来,还没有等到转战巴西便被发现,并遣送回北京待了一个多月。不知道许师傅是否听说过,在他被遣返回国的几年之后的2001年,发生了震惊世界的"10·8"特大偷渡案。2001年10月8日,韩国海警在韩国丽水市所里岛南10海里处,查获韩国籍渔船"泰仓7号"涉嫌运送60名中国籍公民偷渡韩国的特大案件。经查实,60人中,有25名福建籍偷渡人员因船舱密封缺氧而窒息死亡,被韩国船只抛尸大海。不知如果许师傅听说了这个案件,心中对当年偷渡的经历又是否会有新的感想。

总之,当我们聊到对过去那一段经历的记忆时,许师傅只是憨厚地笑着说:"我们当时穷啊,能有什么办法呢,有赚钱的路子当然要试一试啊。现在自然是好了,但是,当时大家都这个样子嘛,也只能这个样子嘛……"

偷渡海外对我们而言，似乎是只出现在新闻报道、影视作品中的事件，因此我们初次听闻许师傅这段经历，会觉得新奇、惊讶，会有些许咋舌，但是在更加深入的交谈以及事后对时代背景的简单了解之后，会发现对于千千万万青田华侨而言，通过各种途径去海外闯荡的理由非常纯粹，就是为了更好的生活而已，与新鲜、刺激毫不相关。这条外出闯荡的曲折道路，既是许师傅一个人追寻财富与光明的道路，更是一方水土、一个时代的选择。

对许师傅而言，出国失败意味着一条许多熟人走过的道路被阻断了，一切又回到了起点；更沉重的，是中国与巴西之间无形但森严的国境线永远隔在了父子之间，那个十几岁跟着父亲学手艺摆摊的少年，如今举目杭州，只剩下自己孤身一人了。

想起出国——回国——滞留北京的日子，许师傅有些失神，回过神时笑着问我们："我们当时在北京待了一个多月，西单附近好多东西的样子现在还记得挺清楚的，现在应该变化挺多了吧？"

梦醒返乡时

出国失败、从北京返回浙江之后，许师傅又回到了熟悉的杭州和熟悉的街道，但此时年轻人的身边不再有父亲陪伴，街头首饰加工行当也出现了日渐衰落的趋势。

许师傅准备出国前，将自己的小摊转给了一同来杭州打拼的老乡。回到杭州以后，老乡已经将首饰加工的小摊改成了当时上升势头更足一些的街头刻章小摊。因为没怎么上过学，其他行业都存在多多少少的门槛，一直靠手艺吃饭的许师傅决定跟着老乡开始做街头刻章的生意。学了两天，置办了必需的工具之后，许师傅的刻章小摊开张了。

在经历过首饰加工生意的锻炼、出国未遂的曲折之后，许师傅变得更加沉稳和踏实了。对他而言，在海外发家致富、衣锦还乡的梦想虽然被国境阻挡，但从这一场梦中苏醒过后，对于自己应该走的道路、应该过的生活倒有了更加清醒的认识。无论是在国内还是国外,青田人乃至浙江人在做生意中的韧性都是出了名的,从商之本亦是一以贯之的,唯有踏踏实实地做好手中之事,才能一步一步踏向更幸福而光明的未来。

在这种理念的支持下,许师傅的刻章小摊稳稳地撑了下来。后来,他的老乡准备到别的地方闯一闯,于是就将自己的小铺子以几万元的价钱转给了许师傅,许师傅从"摆摊的"升级成了"开铺子的"。

"那个小摊就在现在我这家店的对面呀,"陷入回忆的许师傅指着马路对面笑着说,"就在那个电线杆旁边。当时可不是这样咧,旁边哪有这么多楼啊,马路那边,那一排全部都是各种小摊、小铺子,现在都走啦!"

稳稳的幸福

几年之后,积累了一定本金的许师傅租了新建小区临街的一栋楼靠马路一侧一楼的阳台,简单的装修之后做起了相比起来更加稳定的配钥匙、开锁的生意,附带修理和出售一些小五金、小家电等。

"配钥匙、开锁当然也要学啊,不过对我们而言都还好啦。做手艺惯了,也差不了多少,学几天练几天就差不多了。"此时的许师傅,终于在自己已经打拼了近十年的街道稳稳地扎下了根。

谈到这几年的生意,许师傅似乎苦乐参半。时代在其中再一次扮演了重要的角色。经济的发展一方面使得国家对个体经营户不断放宽条件、提供支持,杭州近几年已经免除了月收入两万元以下的个体经营户的税收,这对于许师傅而言是一个不小的帮助。淘宝等电子商务的蓬勃发展也创新了工具、原料的进货方式,如今依靠网店,许师傅可以在店中等待比批发市场价格更低、质量更好的锁芯等材料送货上门,节省了一大笔时间和费用。

而另一方面,新兴经济也使开锁、配钥匙这种传统靠手艺而活的行业受到了不小的挑战,许多依托于互联网以及移动终端的上门服务冲击了传统的门店,为了应对这种趋势,许师傅也不得不尝试通过网络论坛、网页、微信、QQ

等方式进行宣传。而随着科技的发展，电子指纹密码门的广泛使用也挤占了传统开锁、配钥匙行业的市场。但是对于这一点，许师傅倒并不太担心："电子锁、指纹锁确实会有影响吧，但这个东西现在还不是很成熟，也存在挺多的问题，不会代替传统锁。"

在机遇与挑战并存的时代，许师傅守着自己的小店，守着自己的手艺和初心，踏踏实实走到了今天。

对于许师傅而言，做生意最重要的就是踏实和诚实。而在做手艺的行业中，开锁和配钥匙尤其如此，只有守本分、讲信用，才能守住客户，在这一片站稳脚跟。许师傅如今已经和周边几个政府机关建立了合作关系，每年会承包他们的换锁工作。获得这个机会的原因其实很简单，一次一个机关人员需要配钥匙，偶然发现了许师傅的小店，在配钥匙之后认可了许师傅的手艺，因而将整个机关的生意都介绍给了许师傅。许师傅其实并没有做过特别的准备，但他在不断的沉淀和磨炼之后一直保有的踏实与诚实使其对任何机会都是有备而来。

青田里，天地外

如今的许师傅，早已不是当年懵懂地跟在父亲身后的少年，拥有了自己的店铺，有虽不火爆但稳定的生意，还在马路对面的理发店投了自己的股份。经历了这么多年的拼搏之后，自己的孩子也已经上了初中，接近当年自己离家的年纪。当问到对孩子的期望时，许师傅说，"就我自己的经历而言，学习和知识事实上并没有发挥多大的作用。但我也不希望孩子走我的路，现在孩子读书真是苦，也贵，希望孩子以后做自己想做的事情吧。"言语中有些迷茫，但也难掩慈爱的笑容，许师傅还骄傲地告诉我们每天他都会回家和家人一起吃饭。

通过访问和交流以及事后进一步的查阅资料，拼凑出许师傅拼搏创业的故事，并且敲打出来的过程，似乎是观看并且再叙了一个人的大半辈子，而这个人拼搏、奋斗、闯荡的故事又刚好镶嵌在一块特定的土地和一个特定的时代之中，架构起了一个地方的人们对幸福生活的热切追求和对美好未来的殷切期盼，也象征着在一个机遇与挑战同时迸发的特定时代中人们面对希望与失望的坚韧和拼搏，青田里的质朴沉稳与天地外的奋斗拼搏相结合，铺就了许师傅以及许许多多类似的平凡百姓通往幸福的道路。

姚心宜

北京大学 2015 级本科生

2018 年浙江调查

三 转型

我也能推着时代向前走

受访人：邵嘉翔（上海）

一双运动鞋，一身休闲服，一副黑框眼镜，一颗引人瞩目的光头。嘴角时刻带着微笑的邵嘉翔坐在沙发上，竟看不出年龄。

前一日接到我们的电话，邵嘉翔听我们简单阐述完来意后，便爽快地答应了接受采访。采访约在第二天的下午，地点是他管理的一家叫作"荷裕＆猫叔"的日式餐厅旁边的咖啡馆。

正式访问前，我们匆匆收集并整理了关于邵嘉翔的资料。出现频率最高的几个词汇简单地定义了他：新民网创始人，国家一级新闻媒体人，"猫叔刺身"合伙人，食材大师品牌创建者……这让我们不禁好奇，贴着这样一个个标签的，究竟会是怎样的一个人呢？他又会怎样诠释自己身上的这些标签呢？

本科时期的邵嘉翔就读于上海体育学院的运动科学学院，主修运动人体科学和运动康复医学。他的第一个实习期是在深圳市儿童医院度过的。邵嘉翔终日面对残障和身患各种病症的孩子，他们此起彼伏的哭声、家长们阴郁的面容、病房里压抑的氛围让他喘不过气来。

"那段时期的经历对我的影响其实很大。"邵嘉翔不由地皱起了眉头，"我的母亲是内科医生，我是在急诊室边上长大的，学医本也是顺理成章的事。然而那段实习经历……那些孩子……确实在我心中留下了阴影。我发觉我不适合那里，也不想当医生。"

邵嘉翔在大学里参加社团活动时，结识了新闻学专业的几个学长，便稀里糊涂地跟着他们去了一家私营广告传媒公司实习。那是20世纪90年代，内地的大众传媒才刚刚起步，很多东西都是从西方国家那里借鉴过来的。邵嘉翔的日常工作便是浏览一堆五花八门的杂志，从中选取一些新奇有趣的板块，模仿着用到自己这家公司的杂志上去。另外，他还需要做采访、写文章。邵嘉翔很快便熟悉了这份工作，日子久了，也不觉得辛苦和无聊。"当时的传媒业私企，工作环境相对来说是比较轻松自由的。我是个不爱受拘束的人，觉得这个行业似乎还不赖。"邵嘉翔喝了一口咖啡，脸上展露出自豪的笑容，"而且我当时在公司里，干得确实比别人出色，我就想，这个行业还挺适合我。"

于是，上班不爱穿正装、不爱打卡的邵嘉翔，凭着出色的挑选素材的眼光和与人打交道的能力，在毕业后顺利进入当时办得如火如荼的《中国计算机报》的上海分部工作。当时，中国尚未普及互联网，众多新生的电脑软件与单机游戏十分风靡。《中国计算机报》为这一大群"电脑迷""游戏迷"提供了一个交流技术与心得的绝佳平台。邵嘉翔爱打比喻："一时间，全国各地的投稿如雪花般纷至沓来，《中国计算机报》成为那个时期的BBS论坛和朋友圈。"每日整理稿件、选编文章，邵嘉翔也忙得开心。"报纸办得好，广告投放自然也接得多，相应地，我们这些员工的工资、福利就变得很好了。"邵嘉翔透露，也就是在《中国计算机报》工作的这段时间，他赚得了人生的第一桶金，有了一定的积蓄，也有了在这个行业大展宏图的信心。

几年后，邵嘉翔辗转来到《深圳特区报》工作，但过了短短几个月便离职了。他不愿多谈这段经历，只是说："在深圳的两段经历（在儿童医院的实习和《深圳特区报》的工作）都不太愉快。于是我想，还是回上海吧，以后就留在上海便好。"

于是，邵嘉翔去了《外滩画报》当记者。当时的《外滩画报》是一家由广告公司操盘的市场化媒体，一开始立志要做成与《南方周末》同类型的刊物。后来受到当时市场环境的影响，渐渐从严肃媒体转型成娱乐媒体。而从偏学术型的《中国计算机报》与偏政治型的《深圳特区报》走过来的"文人"邵嘉翔，对娱乐行业没有多少研究兴趣。没有了在这方面挑拣素材、采访沟通的兴趣，他觉得自己的工作开始变得无聊了。当然，此时的邵嘉翔还未觉得是这个行业变无聊了,他只是觉得《外滩画报》不再适合他了。2005年,这家媒体转型重组,邵嘉翔也离开了。

而这一次的离开,也成为邵嘉翔走上创业者道路的开端——他进入了文汇新民联合报业集团(《外滩画报》所属集团)下属的另一家机构《新民晚报》工作,很快成为其线上媒介新民网的创始人。当时的《新民晚报》本还处于垄断发行的时期,一"报"难求,十分火爆。公司内许多人一度觉得这已是"铁饭碗",维持现状就能赚个盆满钵盈。邵嘉翔却不敢苟同,他执意要打造线上平台。最初,新民网的建设只被公司当成一个辅助项目,人手和款项都没有大规模的投入。邵嘉翔倒是满不在乎,一板一眼地操办起来。一方面,他当起了一线主编,每日大家把选题报给他,由他来拍板,决定是否做、怎么做;另一方面,网站的建设、维护和杂七杂八的事项,都需要他亲力亲为。功夫不负有心人,渐渐地,新民网以其精选的独家、原创新闻受到海内外大众的欢迎,其发布的新闻被国内外多家大众媒体竞相转载,成为一个非常成功的传统纸媒改革实践案例,最终使得《新民晚报》整家公司得以转型,在当今的互联网自媒体时代屹立不倒。就在新民网大获成功短短几年后,邵嘉翔辞职了。"2014年的时候,我发觉媒体行业开始走向'求生存'了。碎片化时代来了,整个行业终将成为风雨中飘摇的纸屑。"邵嘉翔再一次在涨潮末期驶离,这一次,他的媒体行业生涯便是真正告一段落了。

被问起为何转到餐饮业,邵嘉翔对答如流:"媒体人转行,一般就是以下三个方向:一是危机公关、广告投放类,因为这类工作与互联网有关,与媒体业的工作经历也有着深厚的关系;二是在大企业中做对外媒体的工作;三便是餐饮业,因为这个看起来最简单,人人都能上手。"至于为何在这三者中选择了最后一项,他显得十分坦然:"我喜欢'吃',我对这个行业感兴趣。"

然而,单论一个餐饮业,下设的分支也不胜枚举,邵嘉翔选择以线上生鲜电商配套线下日式餐饮门店的方式经营,并非简单的巧合。

有一次,邵嘉翔在一个展会上买了一袋来自新西兰的北极贝,随手在朋友圈发布了一则动态夸赞其美味,竟引来半百人询问细节。他转念一想,觉得由自己来卖生鲜也未尝不可。首先，在媒体行业多年的工作经历使他积累了大量紧密而优质的人脉，当一个朋友从他这里购买产品之后再在其朋友圈发图晒单，无形中又能帮他做新一轮的推介，如此推广下去，潜在客户群是庞大的；其次，他的朋友圈中大多是中产阶级及以上人士，拥有高端食材的消费能力；最后，生鲜销售领域是特殊的完全竞争市场，不必担心出现垄断企业，也不必担心有中远距离的同规模同行竞争。销路找好了，那货源又要到何处去寻觅呢？邵嘉翔再次运用自己曾经是媒体人的优势，能说会道的他与供货商软磨硬泡，最终拿到了优质货源。

于是，充分洞识了自身优势的邵嘉翔开启了"微商"模式：他时不时地在朋友圈发布美图，新鲜优质的食材、加上他自己美食家与新晋爸爸的正面形象，使得他的生鲜销售赢得了越来越多人的信任与青睐。短短三个月，他的销售额就达到了十万元。随着生意正式走上了轨道，他便创立了上海海错电子商务有限公司，一心一意做生鲜电商。在这个过程中，邵嘉翔也遇到了难题。市面上的生鲜供货渠道五花八门，又很少有专门的品牌，客户看不到食材是从哪里来的，又是如何被生产加工的，质疑声此起彼伏，没多少人敢真正对一个供货渠道放心。善于观察与分析的邵嘉翔很快意识到问题的关键所在："主流生鲜电商缺乏专门团队做产品品控和分级，将品质不佳的风险转移给了客户。"他推了推眼镜，笑容中透露出了浓浓的自信，"因而，我们公司的独到之处便是对食材进行了标准化的筛选和包装，严格把控品质。"

十余年的传媒工作经历，把邵嘉翔打磨成了一个巧舌如簧又目光如炬之人。他离开了原来的岗位，却把从前积累下来的阅历和人脉全都揣在了身上。精通媒体业务的邵嘉翔懂得用最小的成本进行市场营销，他便自然不会放弃做线下门店销售这一渠道，来完善自己的垂直产业链。2014年年底，国内首家冰鲜三文鱼垂直电商品牌——"猫叔刺身"成立了。邵嘉翔主创的这个品牌刚一上线便吸引了两家投资公司入股；两个月后，其风投估值达到了千万级。依托"猫叔刺身"，邵嘉翔和他的团队在上海大大小小的商城开设了名叫"荷裕&猫叔"

的连锁日式餐厅。"我们的线下门店依靠的是后台供给，我们有自己的食材分拣品控中心，生鲜产品在我们这里得到标准化、格式化。"说到此处，邵嘉翔情不自禁地打开手机相册，翻出图片展示给我们看；"这是一小份三文鱼刺身套餐：三只俄罗斯甜虾、一把法罗群岛三文鱼粒、两块北海道贝柱、一个墨西哥牛油果……简单清楚。我们的菜大多是后台提前配好的，配菜的操作十分简单，而且只需要在午间与晚间两个时间段雇用配菜员，因而大大节省了成本，从而也能让利给顾客。"这些顾客友好型的考虑，使得"荷裕 & 猫叔"兼具价廉物美的优势，赢得了顾客的口碑也就赢得了销量。"这两年餐饮业不是很景气，但我们一直能保持良好的盈利。"邵嘉翔大大方方地说，"开中餐馆面对的变量比我们多，每个厨师烧出来的菜口味都不尽相同，这种偏差是很难控制的。而我们，就没有这个烦恼啦！"

如果有人去企业查询软件上搜邵嘉翔的名字，就会发现不仅他的餐厅叫"荷裕 & 猫叔"，他名下有七家公司都带"猫"这个字。邵嘉翔的微信头像，也是他与一只猫的合影。在采访的最后，我们按捺不住好奇心，问他是不是特别喜欢猫。他眨了眨眼，露出慧黠的目光："带'猫'字的企业名容易注册上，因为一般人不会用这个字。就像我们海错公司的'错'字，是一个道理。"见我们仍然心存疑惑，他笑着补充道："猫爱吃鱼，我是个卖鱼的。"听了这话，大家都扑哧一声笑了起来。

采访结束后，邵先生很客气地邀请我们去他的餐厅搓一顿，从咖啡厅走到他的店旁，才发现"荷裕 & 猫叔"外已经排上了长队。见到此景，邵嘉翔不好意思地挠了挠头："我也得排队取号，请见谅。"

从嗅到纸媒行业的商机，到推动传统媒体向网络媒体转型，再到打造垂直电商品牌……一次又一次，邵嘉翔似乎总是走在了大众的前面。当大众开始意识到一个行业正在崛起、转型、死亡时，邵嘉翔已经从简单的分析报告转入了市场实践。旁人总说邵嘉翔是个好运气的人，他却觉得运气对于一个人的成功并不十分重要。聪明的头脑，丰富的阅历，长远的眼光，全面的与人交互的能力，使得邵嘉翔成为一个总能抓住机会，甚至创造机会的人。

"许多人都爱说自己被时代的潮流裹挟着往前走。在宏大的时代面前，我们都是小人物。可我这样一个小人物，也能推着时代向前走。哪怕只有一厘米，那也是我与时代共同的成就。对吧?"

朱婷

外交学院 2015 级本科生

2018 年上海调查

从贴牌到品牌

受访人：苏玉凤（浙江）

黑妮兔童鞋的工厂位于浙江省温州市娄桥街道，一幢楼挤挤挨挨塞进了十几家企业。当我们询问保安大爷有没有听说过童鞋厂时，大爷一瞪眼睛一甩扇子，指道："喏，我们这儿全是做童鞋的。"但在这么多厂商中，黑妮兔却是唯一一家拥有自己的品牌、商标和设计的童鞋公司，每当谈起这点，老板苏玉凤的脸上都忍不住露出笑意。

从"贴牌"——为其他品牌生产代工产品，走向"品牌"——生产属于自己品牌的产品，苏老板的路走得并不容易。概括起来，可以说是一个积累、试错、沉淀、爆发的过程。

积累

苏老板的父母都是普通农民出身，没受过什么教育，既没条件也不懂得让孩子接受好的教育，因此年轻的苏小姐尚未完成义务教育便奔赴江苏启东开始她的打工生涯。也许是命里和鞋业有这个缘分，在启东兜兜转转将近五年时间，她都在制鞋的作坊、工厂里做女工，更是机缘巧合地结识了同为制鞋工人的丈夫。打工固然辛苦，但的确是不容错过的积累经验、学习内化的经历，在工厂里，她学会了制鞋工艺和流程，乃至各个工厂大致运作的方式。

试错

利用打工时逐渐习得的运作工厂的经验，苏小姐在表兄弟的注资和提议下，第一次变成了苏老板。然而由于表兄弟的建议，她暂时离开了鞋业，转而开始生产灯具。第一笔生意来得很快，"一开业就有客户找上门来了，"她笑道，"生意也很红火。"

"很红火"对于不少创业者而言，是多么美好的情景，但问起她离开灯具厂的原因时，她却很认真地告诉我们："那时其实就是个小作坊。我就觉得，灯具这个东西，我和老公都不懂，不懂的东西，是做不好的，最后做来做去，也就还是那个样子，做不大。"那时候的苏老板，可能还想不到未来的自己会真正拥有一个品牌，雇用100多人，但模模糊糊地，她有一个概念——既然做，就要做好。

抱着这样的念头，她在完成了初始的资金积累后，和丈夫一起开了第二家工厂，回归了她所熟悉的鞋业。贴牌生产鞋子是她那时最擅长的事情，事实证明，她做得很不错，比灯具更好。但她还是感到很迷惑："这件事我是不是想让我的孩子也做下去？我觉得不是。那这就说明如果我有机会肯定不会做这个。"

但是"不是"的原因究竟是什么？她也不太清楚。

沉淀

2008年，苏老板注销了生意不断的鞋厂，我们在惊讶之余，问及原因，她笑道："我出去旅游了。"我们愕然。

她解释道："我觉得自己不喜欢做这个，所以想出去走走、看看，想想有没有自己更想做，更适合自己的行业。"我想起了现在大学生喜欢用的一个词，gap year（间隔年），便提及了这个概念。她说："虽然我学历不高，但是你们学习和我们做生意是一样的，你一直做、一直做，就会累，做着做着就忘了自己到底想做什么了。这时你就要停一下，出去走走，你看到的东西多了，自然就知道自己想做什么了。"

也正是在这段时间里,苏老板想明白了自己的愿望——拥有属于自己的品牌。

爆发

黑妮兔诞生之初,只是一个个体户,它的第一笔订单同之前红红火火的灯具厂、鞋厂不同,是苏老板跑遍温州城敲门敲出来的。品牌说起来响亮,做起来却比贴牌困难得多,没人信你,没人想要,没人在意。"山寨假货都比品牌好做。"苏老板抱怨道。

但是面临重重困境,苏老板还是坚持自己的看法,在丈夫的支持下一步步扩大着自己的生意,随着供应商和客户逐渐增多和稳定,黑妮兔这个牌子,总算在温州城有了立足之地。而这个小小的个体户,也发展成了占地六百平方米以上、拥有上百名员工的大厂。2014年,苏老板怀着骄傲的心情,正式将黑妮兔个转企,她没有细说当时的心情,但脸上的笑容是骗不了人的。

这时,她终于可以宣布:"我想让我的孩子也做这个,把我们黑妮兔做得更好更大,这是属于我们家的牌子了。"

我们不知道哪一站是她的目的地,但我相信,现在的黑妮兔,还远远不是苏老板的终点站。

王子晨
北京大学 2017 级本科生
2018 年浙江调查

敢胡思乱想，敢胡说八道，切忌胡作非为

受访人：张翔蔚（浙江）

张翔蔚原是金华市水库的工程师，他的日常工作是检修水库的设备。虽做着一份安逸的工作，但是他时刻都保持着一颗爱发明、爱创造的心。在央视科教频道推出的首个鼓励全民通过自己的发明创造开启创业的电视节目《发明梦工厂》栏目上，张翔蔚带来了他的发明——和面袋，他讲述了这个创意来自他观察女儿的笔袋所得到的灵感，这款和面神器可以让毫无和面经验的人也能做出美味的面食。

在采访的过程中，张翔蔚告诉我们他早年曾有过创办单车租赁平台的想法，而且这一想法早于现在的共享单车公司，在公司准备创立的过程中，由于合伙人的信用问题，导致这一合作项目最终失败。项目虽然失败了，但是张翔蔚一颗热忱的创业之心从未改变，他毅然放弃了相对安逸的工作，创办了第一家企业，开始了拼搏的历程。

张翔蔚创立的第一家公司——袋袋酷商贸有限公司于2014年正式营业，迄今为止也仅有五年时间，但是目前的年销售额已经达到了4 000多万元，是一家很成功的电商企业。销售的产品基本上都是由张翔蔚亲自制造研发的。该公司以研发设计为核心，进口并销售厨房用具和食材，以电子商务为主要销售方式，拥有自己的销售和研发团队，以及财务、采购、设计和包装人员。公司目前主要经营的产品为：自主研发的专利器具产品、代理的专利器具产品、进口的器具和食材以及国内的食材。

公司现主要以阿里巴巴平台电商来销售，有自己的天猫店（面大师旗舰

店）与淘宝 C 店（面大师工厂），产品主要包含"面大师"品牌产品 150 多种，韩国进口花嘴 270 多种，以及美国进口色素 Americolor 和 Chefmaster 的代理批发。公司每月都会有新的烘焙产品投入开模、申请专利，集生产与销售于一体。

在公司发展过程中，张翔蔚抓住商机，又创办了第二家公司——金华软瓷信息科技有限公司，专注于结合新兴电子商务的商贸运营。传统的线下门店是绝对不会销售小众商品的，因为成本太高。而新兴的电子商务是小众商品的最佳渠道，满足了消费者个性化定制的需求。今年张翔蔚斗志满满，正在酝酿创立第三家公司——谱及网络公司，他表示想创办一个供小商贩经营的软件平台。目前还未对外公布，但是张翔蔚对公司的未来期待满满，他还开玩笑说，如果成功了，我们就是最早采访他的人。

张翔蔚结合自身的创业经历，道出了很多人生真谛。作为小微企业的创业者必须要有很强的综合能力，当老板不能总是指望别人来做，要学会自己动手，公司各方面的事务都要亲力亲为。最重要的是，互联网时代是内容为王的时代，必须不断地创新，要有特色，要能提供别人无法提供的服务或商品，才能长期立于不败之地。张翔蔚时刻保持着与时代潮流同步的警惕，他本人每年平均有 30 多项专利，公司每年投入的研发设计费用都高达 60 万元。

张翔蔚说自己喜欢研究哲学，他认为哲学很有意思，更是在现场给我们举了生动的例子。我们都说从 0 到 1 是质的飞跃，但这并不是一件简单的事情。在现实生活中，我们往往达不到尽善尽美的境界。但是在社会的发展过程中，我们能用我们的方式达到 0 和 1 的中间位置，而这个中间位置往往已经可以给我们的生活和生产带来翻天覆地的变化。像我们目前已经实现的视频通话、无人驾驶，这些都是在以前不敢想象的。

张翔蔚特别提到了刘慈欣的科幻小说《三体》，他很推崇小说中所体现的思想和对人性的洞察。人性是懒惰和贪婪的，这是不可否认的。关键在于如何利用人性来做有意义的事。我们都应该思考人为什么而活。每个人的结局都是一样的，不一样的是人生经历和人生境界。我们要活出精彩，活出意义。张翔蔚更是道出了自己创业的经验，要敢想敢说敢做，可以胡思乱想，可以胡说八道，切忌胡作非为。我们需要无穷无尽的创新和尝试，但是我们更要坚守心中的道义准则。

朱星达
南京审计大学 2016 级本科生
张越婷
浙江工商大学 2017 级硕士生
2018 年浙江调查

品味与突破

受访人：崔哥（辽宁）

正值东港最热的一天，我们敲开了瑞嘉商贸公司的门。这是一家临街商铺，推开大门之后凉气扑面而来，映入眼帘的是高档而简洁的装饰和琳琅满目的进口红酒。遗憾的是，老板并不在店内。第二天，我们再次来到瑞嘉商贸，看到一位衣着得体、文质彬彬、表情温和的小哥坐在店内。询问之后，得知他是瑞嘉商贸的销售总监，也是一名正在创业的青年企业家（以下化名崔哥）。崔哥给我们的印象并不像传统的草根企业家，他更像一个温文尔雅的书生，谈吐不凡，逻辑清晰，稳重自持，话语间透露出自己的思想见地。直到采访的最后，我们才得知崔哥是 1993 年出生的，只比我们大了一两岁，而他的经历更是丰富多彩，是实打实的"90 后"青年企业家。在我看来，正是崔哥的一次次突破和转型促成了如今的成就。

医学生的转型

崔哥大学是在天津医科大学学习医学影像，在本科期间就已在天津的三甲医院实习。实习结束后，他已经获得了实习所在医院的入职资格，毕业后就能直接到医院就职。看似稳定的铁饭碗，可是崔哥却看到了工作后的危机，他并不喜欢这份工作：一是因为医学影像技术越来越自动化和智能化，电脑分析的水平赶上了人工分析；二是这份工作不仅枯燥，而且并没有太大的发展前途和上升空间。于是，崔哥放弃了这份工作，直接到与本专业毫不相关的单位工作。

在创业之前，崔哥一共有过两份在上海外企的工作，都是与红酒相关。第一份工作的老板是丹麦首富。在这份工作中，崔哥最难忘的一件事就是陪着老板一起出席在杭州举办的全球企业家峰会，受到了李克强总理的接见。第二份工作则是在一家上海的美资企业，也正是在这份工作中，崔哥萌生了自己创业的想法。他还饶有兴致地拿星巴克的运营模式举例："一个饮品企业的原料来源很重要，这直接影响着饮品质量，而品牌推广和市场定位也同样重要。"他还悄悄告诉我们："其实星巴克旗下是有酒业的，叫'红湖'。"经过这两份工作的历练，崔哥深入了解了酒业市场，悟到了红酒乃至高端饮品的运作规律，也学到了与红酒相关的很多知识和运营经验。最重要的是，他正是发现了国内高端红酒的市场机遇，才毅然决定下海经商。

魄力与品味

正当我们惊讶于崔哥不同于一般草根企业家的见识与魄力时，崔哥说他的家庭其实有个家族企业，经营高端酒业的想法也是家族企业发展的一个尝试。如此看来，崔哥不同凡响的见识和勇气也得益于家庭的商业熏陶和经商经验。他的父母和一些亲戚最初是趁着2007—2013年间的海鲜进口热潮，借助于东港临海的区位优势，开始做起了海鲜进口的贸易，并由此赚了第一桶金。随后，崔哥的家庭承包了一片山林用于建设度假村，并在经营度假村的过程中一步步壮大人脉资源，从而找到了进口红酒的渠道。

目前，崔哥和他的哥哥在负责高端酒业的项目，主要业务就是进口与销售国外高端红酒、啤酒和高端饮品。最初，崔哥通过上海的红酒博览会认识了部分国外红酒企业，并通过实地考察和洽谈建立了合作关系，从而代理销售部分欧洲红酒。随后，崔哥又与北京的烟酒名品公司建立合作，帮助烟酒名品公司一起销售国外高端红酒和啤酒。崔哥和他的哥哥不只是满足于代销红酒和啤酒，还在上海开了自家的销售分店。更可喜的是，2018年他们通过与丹麦洽谈，承包了丹麦某个未经开发的天然湖泊，用于创立高端矿泉水的自有品牌。

听到这里，我和伙伴面面相觑，吃惊到说不出话来。在我们调查的所有东港企业家中，崔哥是我们见过最年轻、最有想法和魄力、生意做得最大的，其他草根企业家的业务范围大多局限于东港市内。崔哥紧接着介绍了店内的产品，包括德国的啤酒、法国和丹麦的红酒、弱碱性矿泉水等，将招牌产品的历史渊源和口味特点向我们娓娓道来。遗憾的是，对酒一窍不通的我并没有详细记下每款产品。我们不禁夸赞起崔哥的品位和眼光，崔哥谦虚地说："其实红酒和啤酒的这个圈子很小，真正懂酒的人也不多，但红酒品鉴是可以学习的。我也是不断地学习、摸索，才慢慢掌握了一些门道，刚刚考下来红酒品鉴师证书。"

那么，实体店的效益怎样呢？经过我们的探访，实体店似乎客源不多，很少有人光顾。况且现在互联网商业强烈冲击实体经济，为什么还要开实体店呢？崔哥认为，实体店的必要性在于两个方面：一是酒的销售渠道，其实他们大部分的产品都是通过网络销售，而实体店只是保存和展示酒的一个载体；二是实体店具有观赏性和文化意味，相当于酒的"博物馆"，不仅能让大众更深入地了解进口酒，也能体现一定的企业文化内涵。尤其是玩味高端红酒的人都是一些有品位的人，他们也非常注重商品的内涵和观赏性。因此，酒的用途不仅在于它的饮用功能，更在于它的文化内涵或者说是艺术趣味。

现在我们才明白崔哥不同于一般草根企业家的过人之处，不仅是魄力和见识，更是长远眼光和思想内涵。既然瞄准了高端市场，面对阅历和教养高于常人的顾客，就要摆脱一般商人"唯利是图"的低级趣味，转而关注小利背后更大的"利"，即企业和商品的文化内涵。而这一点，作为"90后"的崔哥不仅做到了，还做得非常成功。

关心国家发展大局

崔哥对国家大局和战略也有着自己的认识。他认为国内目前的城市市场状况参差不齐，创业面临巨大风险。北京等一线城市的市场日新月异，急需企业做出相对应的创新，这也是北京创业机遇多、淘汰风险高的原因。而像东港这样的小城市，居民消费能力与物价很不匹配，物价很高，消费能力又跟不上。

在这样的现象背后，大部分中小企业家其实根本不知道国家出台的种种创业政策，而当地政府也基本上不会主动发布和实施这些政策。那么这些政策到底实施到哪里了呢？创业资金又被利用到哪里了呢？说到这些，直率的崔哥面露难色地说道："我不是很喜欢跟政府打交道，因为我们很难为自己的企业争取到利益。"作为调查员的我们很认同他的说法，因为我们调查的大部分企业主也都有这样的想法。而目前的中小企业也存在普遍的弊病，那就是过程创新不够。大部分企业安于现状，认为自己的企业只要有收益就行，也认识不到创新的必要性。

随后，崔哥还发表了对于中美贸易战的看法。崔哥认为白热化的贸易战加上国内的环境规制对于一些出口型制造业企业的确是雪上加霜，他很忧虑在这样的双重打击下国内企业的生存现状。但有一点是确定的：企业一定要做到环境友好才能有更大的发展空间。

结语

现在的崔哥依然奔忙在创业途中，经常去国外考察、参加博览会、与合作伙伴洽谈业务等，俨然是一个标准的青年企业家。但是现有的成绩离他的目标还很远，他最后还说："我以后一定不是等闲之辈！"我心里暗暗为崔哥点赞，他说出了"90后"的心声。虽然我们"90后"阅历尚浅，但我们已不是常人眼中只知吃喝玩乐的孩子，我们也有自己的思考、远见和魄力，在努力撑起国家的未来。

由于企业家比较低调，没有让我们拍照，所以在这里附上一张我们调研组的照片。

辽宁第七小队合影

王翀

北京大学 2017 级硕士生

2018 年辽宁调查

漳间一燕子,报福农桑家

受访人:王燕子(甘肃)

漳水悠悠,养育了一方物华天宝;地杰人灵,能人异士不在少数。在漳县团委的介绍下,我们有幸拜访到了这样一位当地著名的能人巧匠——王燕子先生。

初见先生,人如其名,步态轻盈,目光如炬。他开着自己的越野车,将我们从村社里的供销社,载到了他开设在层峦萦绕、乡村深处的鸿运机械厂。当时的我们何曾料想,眼前这位沉敛与朴实的乡亲,是一位身拥三四项实用发明专利、获评2017年漳县全县拔尖人才的、名誉全县的农村发明家。他和这间面朝青山的不起眼的厂子,以及用他的聪明才智发明的独特的农用机械,每年帮助村民们解决当地生产中遇到的各种棘手问题,带领乡亲们提高经济效益、共同致富。

王燕子先生虽然只有不足初中的学历,但从小就点子多、爱琢磨,又爱动手,18岁便离家到天津学习做模具。脑子灵光、勤学好

王燕子先生操作CAD建模软件

问的他学得很快，碰到不懂的问题喜欢钻研，很快就掌握了核心的技术。"当时有两三个大学生还要拜我做师傅呢！"王燕子先生不无骄傲地说。这段外出打工的经历给王燕子先生后续的创业打下了基础。

谈起自己的发明创造，王燕子先生顿时双眼放光，他兴

王燕子先生示范串药机的使用

奋地在电脑上和我们分享了他发明的 CAD 三维图，有好几个还是处于初创阶段的草图。这些 CAD 设计图通过网线传输到厂房中的两台总价 110 万元的高精度数控机床，不断为农民朋友制造实用惠廉的农用机械。

王燕子先生着重介绍了他的两项发明：一项是串药机，用于将当地经济作物党参串成串。在没有这一技术之前，党参需要由人工以银针相串，不仅效率低下，而且容易弄伤手指。另一项是山地铺膜机，王燕子先生观察到，国外进口的铺膜机，不仅价格昂贵，而且还仅适用于平原地区。漳县地区多山且多产中草药，对于铺膜有巨大需求，但是现有设备却用不到刀刃上。王燕子先生准确地捕捉到了这样一个商机，并基于自己年轻时的农作经验，研发出了适用于漳县当地的山地铺膜机，并将价格降到 3 000 元一台，让农民们都享到了真正的实惠。"像这样的创意，我还有很多，"王燕子先生自豪地介绍，"我这个人脑子就是停不下来，有时晚上想着发明的事情，三四点钟都睡不着，一有灵感就爬起床设计图纸。"

王燕子先生还邀请我们参观了他的厂房。在这里我们见到了那两台精密的数控机床和大名鼎鼎的串药机。他向我们实际演示了串药机的运行原理，他还告诉我们，串药机已经历经了多次改进，到目前已经是第三个版本了，而且马上就要推出第四版。"创新就是我们企业的根本，"王燕子先生说，"我给我的产品命名为'堆银'，寓意就是大山里到处都是宝藏，只是需要用我们的智慧去把它们挖掘出来。"从他的身上，我们看到了基层发明家精益求精、不懈奋斗的精

王燕子先生（中）与访员们在厂房前合影留念

神，着实令人敬佩。

在初创企业时，王燕子先生的两台机床得到了来自省科技厅的创业支持，才得以茁壮发展起来。现在王燕子先生的农机已在当地闻名，每次生产的机械都被抢购一空，想要购买还需要亲自到王燕子先生的厂房来排队。当被问及为什么没有想过扩大生产、打开更多市场时，王燕子先生坦言，虽然政府对农机行业扶持力度很大，但像他经营的这样的小微企业，想要获得融资仍然很困难。就算能获得融资，大部分的利润还是会被过高的利率所吞噬。另外，王燕子先生还提到了申请变压器上的困难，这对于机床稳定安全生产至关重要。我们衷心希望现在国家提倡的降低小微企业经营困难的改革，能关注到像王燕子先生这样兢兢业业的基层企业家的真实需求，将相关政策落到实处。

王燕子先生，正如其名，像伴随春风翩翩飞来的一只燕子，为邻里乡亲带来福音，用他的聪明才智反哺这一方水土。让我们向他致敬！

陈方豪

北京大学 2017 级博士生

2018 年甘肃调查

四 发展

笔墨牵心动，丹铅系情长

受访人：劳善琪（上海）

幸得劳善琪先生亲自迎接，我们才能觅得劳氏新文化公司芳踪。近年来，公司几经搬迁，目前位于上海聚奇城二楼。进入办公室后，别有一番天地：书架上除了书籍，还有两台相当专业的无人机；画架上一幅抽象的风格画作，用柔和的粉彩描绘一盆紫花，所用画材是别具一格的橡皮笔；玻璃陈列柜里，天鹅绒衬布上静静陈列着有些年头的古书，走近看，才知是"劳氏家谱"；数个电脑显示屏彰显独属于"技术控"的现代感；然而最醒目的还是裱好的"丹铅精舍"和"铅华流韵"的书法——这四个字也印在了劳善琪先生的名片上。

也许一个人很难从这些风格间杂的陈设里推断出公司的主营业务，但却可以瞥见经营者本人兴趣的广泛和品位的独特。劳先生精神而干练，戴着黑框眼镜，年近五十，但看上去却要年轻得多。阅读、绘画、摄影、网页设计乃至编程都是他的爱好，而他的公司则涵盖了修家谱、写传记、广告宣传等一系列业务，致力于设计、排版、印刷和资助

劳善琪珍藏的"劳氏家谱"

出版。拥有如此广泛的经营范围，这样一家"小微企业"兼"文化企业"究竟有哪些特别之处？劳先生欣然接受了我们的访问，从族谱泛黄的纸页开始讲起他的创业故事。

"诗书传家"与商人传统

"丹铅精舍"原是清代著名藏书楼，位于浙江省杭州市塘栖镇，惜毁于太平天国。劳先生的公司业务范围涉及印刷制版，借用此名本就十分熨帖，况且这背后还有一段奇妙的缘分：藏书楼主人劳氏注重印刷校对，劳善琪家与之原木是同宗，虽然不是同一支系，却也有迹可循。沿用"丹铅精舍"之名，也是对历史的一种致敬。

劳氏家谱记载完整，他们来自山东崂山，从晋朝名士流觞曲水的集会到明清两代金榜题名的名列，都有他们的身影。家谱有清朝和民国两个版本，是由劳先生的父亲在"文化大革命"中冒着巨大的风险留存下来的，现在对于劳氏家族而言更是一份无价的珍宝。这一份沉甸甸的守护同样影响了劳先生对于个人事业的选择。近年来，将修家谱纳入公司的营业范围，也许在全国范围内都极为罕见，但却是劳先生受到自身家庭的启发而捕捉的一个机遇："寻根"是中国人乡愁的一部分，安土重迁的思想与浓厚的家族观念是海内外华人所共有的文化基因，而修家谱却是一个耗时耗力的活动，非常需要借助专业服务的帮助。

劳先生的祖父一辈在上海光复后，举家从浙江嵊州迁至上海经商。此时虽已经不复上海民族工业发展的"黄金十年"，但浙江人善于经商的传统却已经深入血液。劳先生声音洪亮，缘于他小时候常在纺织厂，在机器纺纱的轰鸣声中交谈，不由得会提高嗓门。劳先生向我们展示了根据家谱制作的谱系图，运用电脑制图将文字整理为明晰的树状图，直观地反映出其源流发展，更是现代科技与历史厚重的交融。所谓"忠厚传家久，诗书济世长"，家风深刻影响了劳先生的个人创业历程。

两度波折,不断前行

劳先生笑称,开办公司完全是被"逼上梁山"。他毕业于被誉为纺织业"黄埔军校"的东华大学。毕业后,他被分配到上海爱建股份有限公司下属皮塑经营公司任皮装设计,期间经人介绍,认识了在上海做服装生意的香港商人,一年后离职,背井离乡去轻纺工业已经得到率先发展的东莞工作了十二年,先后受聘于私企、港资服装企业,主要在产品策划、图案设计、技术研发等部门担任管理职位。20世纪90年代电脑开始普及,他还熟练掌握了计算机辅助设计的技能。

从最初从事的设计工作到走上管理岗位,服装部门的工作对于劳先生而言"专业对口",加上多年经验的积累,已经是游刃有余。此时,劳先生想到了自己创业。2002年,他创办了东莞骏龙现代印花事业部,经营服装印花图案设计和为印花厂提供分色菲林、制版。尽管在广东的初次创业已经是小有成绩,但在多陪伴家人的愿望促使下,他还是选择回到上海。

2004年回到上海后,劳先生最初的设想是继续从事印花分色的业务,这是他在之前的工作中就已经熟悉和擅长的。然而时逢上海又一轮经济发展的转型,轻工业退出与金融服务业更多进驻,使得轻纺企业纷纷选择关闭或者退出上海,带来了新一轮"下岗潮",也让印花的生意好景不再。开公司的计划被暂时搁置,劳先生选择加入了大学同学开办的上海金灿灿广告展览有限公司,在这里,他不仅学习到了广告设计的思路方法,还积累了相当的人脉。最让他印象深刻的一笔订单来自在纳斯达克上市之初的百度,巨型广告牌悬挂于外滩,是百度宣传战略的醒目一笔。而广

非正规就业劳动组织证书

告牌从设计到安装建工,劳先生全程参与,这是他引以为豪的一段回忆。

长期担任管理岗位、积累下经营经验的劳先生,仍然对于创业跃跃欲试,因为自主创业所能提供的是殊为宝贵的自主权。2006年,开办公司的门槛较高,而上海市所面临的现实问题则是因为产业转型而陡增的就业压力。劳先生向我们展示了一份"非正规就业劳动组织证书"。"非正规"并无"非法"之意,其本义是通过政府财政资金对失业和下岗群体提供托底性安排或扶助性就业,以促进创业、解决城市失业问题。据审计机关对该类组织运作情况的调查统计,当年,上海一个中心城区最高峰时非正规就业劳动组织就逾千家。劳先生抓住了这样一个机会,通过考核,最终"劳氏电脑图文制作服务社"获得这一纸认定,正式开启了创业之路。

劳先生向我们说明,尽管非正规就业劳动组织是具有实用导向属性的创新制度安排,却并非长久之计:这类组织很大程度上处于法律调整的灰色地带,随着经济的继续发展,其存在的问题愈发凸显,劳动者保护就是问题中的突出一例。因为非正规就业劳动组织并无独立的商事主体资格,其雇用的人员在权利受损时能否以劳动纠纷申请仲裁,进而获得法律保护都是一个难题。因此,政策导向也是将此类组织向更为正式的法人、个体户方向引导。顺应新的政策形势变化,2013年,劳氏新文化公司正式注册成立,劳先生的创业道路也开启了新的篇章。

展示印制的产品宣传册

虽然仅仅是"一人公司",劳先生却不乏大客户。他曾经驻厂八个月,拍摄素材、了解产品,运用CorelDRAW帮助厂方完成英文、简繁体三个版本装帧精美的产品手册,方便公司对外对内的贸易开展。之前学习服装设计时所掌握的绘画基础和软件基础派上了用场,他运用 AutoCAD 制作产品图，再用 3DMax 在电脑设计图上进行贴图，增加布光、色调等渲染效果，使得展现在手册里的产品更加美观、真实。公司的业务涉及广告的多种形态，如包装盒、展板、易拉宝乃至网站，也因为其设计作品的较高品质，培养了相当稳定的客户群。

2017 年，新一轮挑战随之而至。上海市开始了一轮市容市貌大整治，不想却给劳先生的广告生意蒙上了阴影——广告制作完成后需要交由下游厂家完成印制，但随着沿街店铺的关停，印制厂家无处开工，不是关停倒闭就是搬迁至遥远的崇明等区域。而随着材料价格上升，除非大幅提升价格，否则便是亏钱，但涨价则意味着可能失去客户。于是，劳先生作出了另一项调整：调整公司业务范围，更多向文化创意产业转型。"上海的变化太快，我们也只是勉强跟得上这些变化。"劳先生说。

现在，劳先生的公司业态已经发生了很大的改变，图书编辑、制版、宣传网页制作等都已经初具规模；而修家谱、写自传则方兴未艾，每个人都有故事，劳先生希望通过自己的工作帮助他们记录下自己的故事。除此以外，劳先生还将"丹铅精舍"注册为商标，用在速写本、宣纸等文化创意产品上。能够将对于历史和传统文化的爱好转化为自己职业的一部分，亦不啻为一种"因祸得福"。

"单打独斗"的喜与困

随着流媒体时代的到来，广告宣传的形式更加多样，人至中年的劳先生却能紧随潮流。他向我们展示了其设计的网站，为花店设计的微信营销号和搭建中的微信小程序雏形，乃至为企业年会摄制并剪辑的视频——最让我们惊讶的是这些似乎需要一整个团队分工才能够完成的工程，完全是出自一人之手，而在细致和专业的水平上完全不输一整个团队。劳先生笑称，他喜欢"单打独斗"，"就像在一首歌曲里，一个人既能谱曲，又能作词，还能玩混音技巧"。

劳先生擅长自学，完全是靠自身的努力学习了编程、3D Max 和 Adobe 系列

"曲水流觞"的家族故事

软件都用得十分娴熟,"慢工出细活"的情况下完全能够胜任从美术设计到技术操作在内原本需要数人担当的工作。公司里的每一项业务都要倾注他大量的心力。例如,书法家委托制作一本作品集,并非翻拍后简单调整即可,而是需要逐幅将笔墨的部分通过抠图设置为单独的图层,然后再将底色置换为与宣纸颜色相近的单色,最终才能呈现出清晰美观的效果。要能够充分展现出书法作品的原貌,需要操作者本身对于书法作品的结构有把握,尤其是枯笔等处的处理,远非轻而易举。画册也是如此,为了最后的成品呈现出最好的效果,样章就打印了数份。我们所看到的最终效果,印刷细腻清晰,凹凸的质感呼之欲出。劳先生自身就有美术功底,审美趣味独到,加之他的精益求精,才能在"单打独斗"的情况下赢得客户的满意,获得很高的回头率。

不增加雇员还有另外一些顾虑:一方面,聘用员工需要从头开始培训,工作的质量却未必能够达到要求;另一方面,最低工资、社保以及上海的高居住成本都意味着增加雇员将带来相当大的开支增加。劳先生并非不想拓展规模——目前的设想是将办公室区隔开一个空间进行精装修,可以品尝咖啡、陈列书籍,真正实现品质的提升。但是处于转型期的公司本身还未能实现盈利,一切都还在规划之中,而这一切也还是未知数——文化创意产业的发展前景如何尚未明朗,"丹铅精舍"在规模上无法与航母式的大公司匹敌,继续在日新月异的上海存续,并非易事。无论如何,"不忘初心"是必备的条件之一,也是在艰难环境中继续前行的动力。

比起最初的广告业务,劳先生现有业务的挑战更大。难度和挑战不仅来自技术层面,还来自亟待完善的政策环境。例如,目前的网站发布均需要依法经过工信部门的备案，具有交互留言功能的网站还需要公安备案。劳先生为客户制作的静态网站当然也不例外，但在他设计的网页上，"评论"一栏实际上适用于转载一些报刊媒体的文艺评论，并非为网站访问者提供留言空间，这样一处细节引起了相当不必要的误会，经过一系列烦冗的手续才最终过关，而网站发布的时间却因此大大滞后。而出版审查制度也为劳先生的书籍印制带来不小的障碍。劳先生觉得，社会文化事业的发展繁荣，需要更加能够施展拳脚的环境。

从政策环境变动引发危机，到与时俱进开展新业务，劳先生的创业故事几起几落，我们从中看到了商业和文化与时代、政策的互动关系。劳先生擅长学习、擅长抓住机会，是他身上尤其值得钦佩的企业家精神的表现。然而区别于其他企业家的特别之处在于，驱使他不断前行的绝不仅是经济利润，更有一份对于文化传承的追求和坚守，恰恰是这份情感，殊为动人。

陈丹瑶
中国政法大学 2015 级本科生
2018 年上海调查

个人成就团队,团队造就个人

受访人:武昱(辽宁)

海德科技公司坐落在一家工业园区内,我们几经周折,才找到它。我们进入公司向工作人员表明来意和身份后,她把我们带到了二楼,等待武昱先生的到来。

武先生身着工作服从办公室走出来。从与武先生的谈话中,我们了解到海德科技是一家专注于大型超高压水切割机制造的公司。海德水刀切割机是利用超高压水射流进行冷态切割的设备,主要由超高压水射流发生器、数控加工平台、喷射切割头、供砂系统和冷却系统组成。

源于热爱

打造独特的企业文化

毕业于东北大学计算机专业,并在沈阳职业技术学院机械工程学院任教的武先生,在2006年一次偶然的机会,被学校派到一家水切割企业实习。开始是抱着学习的心态认真工作,后来便对这项技术产生了浓厚的兴趣，于是开始深入钻研这项技术。两年实习结束后，他便决心做水切割机设备。

2009年12月24日，武先生注册了自己的第一家公司。最初只有志同道合的两个人在一间30平方米的办公室一遍一遍地修改设计图。他们发现在原来的切割机工作过程中，产品切口存在斜度状态，难以保证产品垂直切割。为解决这个难题，武先生重新设计改良，尝试加入四轴创新设计，成功解决了产品切口不垂直的问题。

2010年，四轴水切割机技术成为海德公司的一项省级科技项目，并成功申请了专利。之后，武先生一直致力于技术的研发和产品创新。

助于机遇

2010年7月，海德公司迎来了第一笔朋友介绍来的订单。当时没有场地也没有资金，武先生就租场地、借钱，并带着公司唯一一位技术人员开始了设备组装工作。那是个多雨的季节，人手很少，天气也很恶劣，但他们依然坚持精雕细琢每一个细节，最终完美交付了这笔订单，获得客户的好评。

没过多久，武先生抱着对阿里巴巴启程学院"寻梦之旅"活动的浓厚兴趣，参加了这项活动。结束后，武先生抓住时机与阿里巴巴签订了合约，借助阿里巴巴的外贸平台开拓自己的销售市场。

"阿里巴巴给了如我一样苦于缺少渠道和商业经历的企业家一个寻梦的机会。"武先生如是说道。机会只留给有准备的人，武先生就是这样。借助于阿里巴巴，武先生在线上获得了不少订单。而后，公司开始广招人才，先是朋友介绍，后来是学校学生自主去面试，从2个人的小公司慢慢扩大到现在的45人的公司。

优于信用

虽然公司在逐步发展壮大，但由于信用体系的不健全，公司在"走出去"

武昱先生

的过程中，仍然遇到了瓶颈。据了解，阿里巴巴平台每年都有高达200亿美元的生意因为买卖双方的不信任而无法达成，武先生的公司也有着类似的遭遇。

由于外国客户不信任而失去的一笔来自南美的订单让武先生记忆颇深。双方就该笔订单前前后后谈了半年时间，最终却因武先生的公司保证提供为期一年的保修服务而遭受怀疑：中国到南美来回一次机票就要2万元，如果设备常出问题，他们能够做到有求必应吗？他们能够承担得起高额费用吗？由于素未谋面又相隔甚远，海外买家对中国供应商的信任度非常低。

为了解决网络交易双方信用及信任问题，2015年阿里巴巴再次升级转型，从单一的信息展示平台升级到跨境在线贸易平台。跨境B2B通过大数据为中国外贸企业向全球买家做信用背书，替卖家向买家做交易保障。信用保障体系是根据一系列标准对平台上的所有企业进行打分，这种打分不再根据线下外贸交易普遍看重厂房面积、企业员工数量等的传统衡量方式，而是侧重于考察公司的诚信、在阿里巴巴平台的数据表现、一达通报关出口数据和线上直接交易情况，进而获得阿里巴巴相应规模的信用背书。该体系给草根企业家提供了一个相对公平的竞争环境，在一定程度上给予草根企业家信心，促进了草根企业的快速发展。

在信用保障体系的保护下，买家看到海德的信用额度后，对公司的实力方面给予了信任，而不再考虑厂房规模、员工数量，大大缩短了订单的交易时间。同时，跨境交易采取第三方验货，节约了时间成本。

信用保障系统刚刚推出时，武先生的信用保障额度仅有2万多美元。有了出色的平台交易数据之后，阿里巴巴对武先生的信用保障额度升至近100万美元，在全国同行业内排名第一。

2016年3月17日沈阳海德科技公司成为阿里巴巴"寻梦之旅"B2B跨境电商示范基地。顺应互联发展时代的潮流，2016年，海德年出口额增加到150万美元，2017年增加到300万美元。武先生预计2018年将会再创新高。海德的蓬勃生长，诠释了草根企业的活力与生机。

精于创新

想要彻底解决海外买家的信用问题，就必然要求中小企业进一步转型，实现品牌化生产。于是，武先生有了品牌意识，开始打造属于自己公司的品牌。

"以前，我们的使命，是让切割不再是难题。现在，我们是'智造创未来，切割立天下'。"海德实现了中国制造到中国智造的转变：一是实现了销售模式的创新，不生产设备、不加工零件，而是借助轻资产经营模式，接到订单后将生产内容传达至各个生产厂商，完工后将零件、设备运至海德进行组装；二是实现了生产模式的创新，采取小订单、碎片化式的生产模式，个性化定制切割服务。

基于团队

武先生试图将公司打造成像学校一样的大家庭。在公司设有"课间"广播，"课间"娱乐，"校园"食堂，"必修课"——公司定期培训，"专业课程考核""校园晚会""体育课"（员工踢毽子），等等。他相信打造企业文化就是打造老板文化，他与员工之间从来没有隔阂，而是用耐心和汗水经营着自己的大家庭。

在公司，他是个平易近人的老板；在学校，他是个和蔼可亲的老师。他的员工其中有一部分是他的学生，他们知道自己的老师辛勤耕耘着自己的土地——海德，便慕名而来，勤勤恳恳为海德效力。

武先生回忆道,有一个会俄语的销售人员,因结婚生子等家庭原因从公司离职。待家庭稳定后,基于对公司满满的爱与信任,她提出复职申请,而后在2016年为公司带来400万元的销售额,成为公司的销售冠军。

武先生正如黎明时的那一寸曙光,温暖而美好地滋润着每一棵花草,而这些花草用茁壮成长作为感激和回报。他便是一个光源,能聚集一群人才,他们共同努力、一起奋斗。一个人可以走得很快,一群人可以走得很远,海德公司将会因此而越走越远,越走路越宽。

杨博

河南财经政法大学 2016 级本科生

2018 年辽宁调查

中马之桥

受访人：马玉田（甘肃）

初见马玉田先生，其富有感染力的性格，不轻言满足的闯劲和对未来坚定的信心，给我们留下了深刻的印象。刚过三十的他，已经有了十余年的创业经历。从最初的失败到现在日益红火的中马之桥，马先生给我们分享了他一路走过来的经验和心得。

利用文化优势创业，搭建中马交流之桥

1986年出生的马玉田先生是回族人，祖籍宁夏。早在大二时，他就开始了自己的创业之路。大学时期的创业经历让他洞察到了旅游市场的潜在上升空间。之后，他瞄准了东南亚旅游市场，并着重对马来西亚市场开展了深入调研。2012年，马先生与其搭档在马来西亚吉隆坡共同创办了"迹象中国"旅游公司。

众所周知，马来西亚的主体民族信仰伊斯兰教，而"迹象中国"公司内成员大多是回族。相似的风俗习惯和文化背景，让他们能够更顺畅地同马来西亚的马来族穆斯林沟通交流。人类社会是先由族群所组成，再慢慢延伸出去，一些仪式和文化传统，会深植在人的心中。可以说，少数民族的身份帮助他们更轻松地打破了异国文化壁垒，使得业务得到了迅速的开展。

"一带一路"倡议提出之后，甘肃省政府致力于促进与东南亚沿线国家之间更多的经贸往来和友好交流。考虑到"迹象中国"旅游公司对马来西亚的经贸市场、文化风俗等方面都有着较全面的了解，2016年，甘肃省商务厅依托于"迹

象中国",成立了甘肃对外贸易协会驻马来西亚商务代表处。至此,"迹象中国"成为一架在民间层面连接中国甘肃和马来西亚商贸文化往来的桥梁。马先生本人也不再局限于原有的业务,而是将企业的运营与国家政策的变化有机地结合起来。在扩大企业自身规模的同时也承担了更多的社会责任,积极推动陇商走出去的步伐。

在谈及未来的投资计划时,马先生谈到计划拓展中东欧国家的业务。马先生相信,相近的文化思维,能够为他在这几个国家的市场拓展中带来优势。

选择比努力重要,争做创新型企业家

在熊彼特经济理论里,企业家是经济增长的核心,市场不是一直存在那里的,而是需要我们发现甚至创造的,而创造市场的就是企业家。过去30年,中国经济增长主要得益于后发优势,大多数企业家主要做的是套利和模仿。但这会存在一个趋势性问题,即依靠模仿的套利空间会逐渐变小。因此,创新精神对于新一代的企业家而言愈发重要。发现和创造新的市场,进行产品革新,是未来企业家们需要去做的。

马先生正是一位颇具创新精神的企业家。在谈到具体的企业经营思路时,马先生强调做企业要有思路和国际化视野。在传统观念中,甘肃省作为一个内陆省,即使是开拓境外市场,也理应选择西部丝绸之路上的国家。但是马先生却根据自己的洞察力和判断力选择了东南亚国家的市场。

马玉田先生参加2018年"中外知名商会进甘肃暨民企陇上行"活动

通过前期对两地市场的调研,他发现他的家乡与马来西亚两地市场的经济结构是互补的。就农业市场而言,由于气候和自然条件等因素限制,马来西亚每年需要进口大量的农产品以满足国内需求。而甘肃省作为中国特色农产品的主产区,其多样的生态气候为农产品的生长提供了得天独厚的地域优势。就中医药市场而言,甘肃是中医药文化发祥地之一,其气候条件非常适合中药材的种植、储存和加工。甘肃

2015年马玉田先生(右二)参加中阿论坛时同马来西亚前总理巴达维先生(左二)合影

省目前已发现的中药材达1 600余种,已经成为全国中药材主产区之一。与之对应,马来西亚人口近3 200万,其中华裔约占24.7%,超过700万人。凡有华人居住处皆有中医药,马来西亚亦然。可以说,马来西亚对中医药有着很大的需求。依据资源禀赋理论,如果能打通这两个市场,发挥各自的比较优势,就能够为两地带来巨大的商机和发展空间。

通过充分的调研,马先生也更加坚定了自己的想法。从具体的业务切入,利用自己的自身优势推倒第一块多米诺骨牌,之后的成功就接踵而至。同时,他尝试提出与政府合作。这首先得到了马来西亚官方的认可,后来加上国内政策的东风,也得到了甘肃省政府的大力支持。之后,马先生由下往上搭建起桥梁,帮助两边政府进行深入的合作。

总结创业经验,展望"一带一路"未来

在总结自己的创业经验时,马先生建议,进行境外投资要对当地进行充分的调研和考察,要把目标市场了解清楚后才能更好地开展业务:一是要对国家的法律政策、文化习俗等了解清楚;二是要对市场潜力和上升空间了解清楚。另外,他还强调企业需要承担自身的社会责任。在兼任官方的商务代表之后,

马先生认为现在会更加考虑社会价值。以往公司是效益优先，但是在成为两地之间的交流桥梁之后，他认为从民间层面推动两国的外交合作，作为双方沟通的纽带，这样的事情更有意义。

另外，由于马先生从现实层面充分感受到"一带一路"倡议的落实，他对于政策和学术方面的推进提出了自己的想法。他认为政策制定需要更加细化，落实到实处；而学术理论应该与现实经验充分结合，才能发挥出更好的指导作用。另外，"一带一路"建设需要分层次来做，从政府的顶层设计到民间的文化、学术交流都需要做好。宏观对宏观，微观对微观，每一层次都进行交流，才能把政策落实到位。

最后马先生提及，以前的创业需要勇气，但现在的创业，不仅需要勇气，还需要正规化、系统化，要在当地的政策和文化环境中进行企业经营，并且努力创造自身的社会价值，为国家政策的推动和发展贡献自身的一分力量。

调研者

杨鹤达
国际关系学院 2014 级本科生
2018 年甘肃调查

古稀老人的风雨四十年

受访人：赵师傅（浙江）

赵师傅今年 73 岁了。

听说我们要来采访，他欣然同意，早早地赶到办公室等我们，把茶水都准备好了。房间里挂着几幅写意的书法，干净的书案上摆着一台电脑和一摞有关光伏科技、房地产和管理学的书。他戴着老花镜，静静地坐在桌前看书，时而用笔写写画画，眉头微蹙。"孩子们快坐！"抬头看见我们，他很是惊喜，起身走过来招呼我们坐下，古铜色的脸上带着这个年纪特有的慈祥和温柔。赵师傅穿着一件略显发黄却格外干净的短袖衬衫，朴素大方的黑色西装裤，一双不那么光亮的皮鞋上能看见些岁月踏过的痕迹。他很高大，很精神；腿有点跛，走起路来却稳实有力。

"我啊，一工作就是歇不下来！"赵师傅的奋斗史要追溯到 20 世纪 60 年代。那时闹饥荒，人们食不果腹，他小学没上完就只身一人到内蒙古去闯荡。那段艰苦的日子里，他帮牧羊人放过羊，在粮食店打过杂，做过帮工，用原始的磨具磨过米面。因为做事踏实又刻苦，被提拔调到了粮油加工厂，又一路升到了带班班长。那个时候赵师傅每天早上五六点钟就起来干活，晚上十二点钟也舍不得睡觉。每年都被评为劳动模范、生产先进，奖状可以挂一屋子！

"吃苦在先，享受在后！这是生活教会我的。"说起自己年轻的时候，赵师傅的眼里闪着光。到了 60 年代末，赵师傅是学习毛泽东思想先进标兵、带班班长、共青团员，家里也是贫下中农，于是被选为"革命委员会"的副主任。他每天带着工人们促生产，比其他人多干少睡，成绩突出。70 年代初他被调回浙江家乡，在运输公司工作，拿着稳定的工资，带着几个学徒做汽车修理，之后又有了几个孩子，过着不算宽裕但幸福美满的小日子。

谁料，平淡而艰苦的生活被改革开放后平反的号角声打乱了。因为赵师傅在那段内乱中"生产能力强"、"表现突出"，遂被作为有"政治问题"之人押回内蒙古，接受审判。屈心而抑志兮，忍尤而攘诟。当时赵师傅家里有三个孩子，一家人的生活都靠赵师傅的母亲每个月36元钱的工资维系。一碗粥冲成四碗，喝一周；一块面切几块，吃一个月。老大老二小学没上完就辍学了，帮家里干活，解决经济困难，唯一读书的机会留给了小妹妹。那些夜晚，赵师傅看着天上的月亮和星星，就仿佛看到了远在家乡的妻子和儿女，他们过得怎么样呢？这样遍插茱萸少一人的日子，一晃就是七年。再次回到家乡，孩子们都已经懂事。看到他们个个身强力壮，都能下地干活了，赵师傅心里是说不出的苦涩和感动。然而回到熟悉的工作岗位，自己再也不是那个自豪的带班班长了，无论自己当年多么刻苦工作，评上过多少次先进生产者，也抵不过物是人非和流言蜚语。被大家冷眼相待、处处排挤的日子终于把赵师傅逼了出来。

1988年，赵师傅第一次下海做汽修，低下姿态，从最卑微的工作做起。"真的很艰难，有时觉得自己像个要饭的。"每天从月色依稀的清晨开始，赵师傅挎上工具包，踏上自行车，去每个单位转悠，挨个问大家需不需要修车。受到冷眼和排斥是常态，开始，汗流浃背的每一天都只能无功而返，但是渐渐地，大家都知道有个"小赵"是个热心肠，修车技术好，要价也不高，久而久之，都认可了他的技术，向他竖大拇指，变成了他的老顾客。赵师傅就这样每天骑行二十多公里，朝五晚九，前三个月就挣了8 000元钱。这是赵师傅的第一桶金、白手起家的血汗钱。1990年，赵师傅的生意一点点做大了，就在朋友那里买下一个门店，成立了自己的"轿车维修保养汽车厂"。为了省钱，他自己组装出了电焊机、充电机等机械，通过反复计算、反复试验，应用到工作中去。赵师傅带着几个学徒，凭着长期积累的客源开始了红红火火的第一次创业。塞翁失马，焉知非福？"如果没有那几年的牢狱之灾，没有把我逼上绝路，我没准现在还在国企过着稳定的小穷日子呢，哪能有今天！"赵师傅露出了笑容，抿了一口茶，把眼镜摘了下来。他的眼里闪烁着光,眼眶发红。岁月是把锋利的刻刀,在他的脸上毫不留情地刻下伤痕,但这一沟一壑是这位古稀老人与命运抗争的见证。

"这么多年,我一个节假日也没过过,我这个人不能闲下来。"汽修厂渐渐扩大店面,从十几平方米到几十平方米再到几百平方米,赵师傅没有向亲朋好友借一分钱,更没有向银行贷款,用的都是一点点省吃俭用攒下的积蓄。他的两个儿子长大也加入了父亲的事业:大儿子跟着父亲学了修车的本领,在店里打工;小儿子在外跑业务,采购零件。赵师傅负责从技术指导到运营的一切事务。这样从汽车配件到汽车修理一条龙,赵师傅的生活忙碌并快乐着。第一年就把所有投资都赚了回来。儿子们的工资一分也不少给,他们办婚礼、买房子、养孩子雇保姆……用的都是自己挣来的钱。

汽修厂的店面从一平方米750元到一平方米3万元,赵师傅从地价的上涨中看到了商机,开始做房地产。在赵师傅店里修车的老顾客偷偷告诉他:"药监局旁边的地价肯定要涨!"赵师傅自己去调查地情、反复研究,终于在招标中征得一块宝地。就在这里,赵师傅建起了自己的第一栋楼,一半卖给了银行,另一半自己做酒店。自己和家人们跟着外聘的厨师也学起了做饭的技巧,酒店做大了,大儿子成了主厨。赵师傅是大家口中的"实在人",无论做哪个行业,"以诚待人"始终是赵师傅的经商之道。就这样,一传百,百传千,顾客纷至沓来。

赵师傅的每一次投资都是在反复研究和琢磨之后的决定。20世纪90年代,他在以前的市中心征地70多亩,盖起了一片商贸区,并把商贸区的一大片地和以前的酒店抵押出去,建了一个60多亩的更大的酒店。赵师傅可以说是当地靠白手起家的第一个大房地产商,二儿子也在父亲的创业中学到了门路,到北京闯出了自己的一片小天地。

"请问您觉得自己是一个爱冒险的人还是规避风险的人呢?"我们问赵师傅。

"不冒险怎么挣钱!"赵师傅笑起来,清了清嗓子,"不过冒险也是有原则的。"

这两年房地产生意越来越不好做了,赵师傅就把目光移向了新兴能源产业。赵师傅发现屋顶的一片空间还闲置着,就索性把屋顶改造成了一个小型光伏发电厂，购进一批光伏发电板，和几个助手一起一点一点研究，安装并接入电网——整个流程赵师傅都要亲自参与。"自己研究，有乐趣！"现在所有光伏板的总面积有5 000平方米左右，一年的纯利润就有100多万元。赵师傅对国家政策研究得很深入，对时间和机遇把握得非常好，赶在"5·31"光伏产业"降补贴，控规模"新政之前并网，保证了自己一分耕耘就有一分收获。

老当益壮，宁移白首之心；穷且益坚，不坠青云之志！四十年来，赵师傅患过乙肝，出过车祸，但一出医院就又会投身于自己的工作中。他风雨兼程的40年见证了改革开放之后国家和社会翻天覆地的变化。从饥荒走向温饱，再从温饱迈向富裕，这条路布满了荆棘，却伴着花香。吃得苦中苦，方为人上人。赵师傅是中国老一辈创业者的缩影，他们逢山开路、遇水架桥，经受过那十年的历练，接受过改革开放的洗礼，身上有着难能可贵的艰苦奋斗的精神。他们用双手和智慧为我们创造了幸福的生活，造就了繁荣的今天。

"您没有想过像别的爷爷奶奶那样休息一下，清闲几年，享受一下天伦之乐吗？"我们问。"想过，但我不能停下。老了，不知道哪一天身体就不行了，总不能坐在家里天天打麻将吧，我心里不舒坦！我爱我的工作，它就像我的孩子一样，让我觉得我还年轻，我还有活力。一个人活着，就要尽可能地为社会创造价值，这样走的时候才是没有遗憾的。"赵师傅如是回答。一盏茶饮到无色、无味，暮色渐起，夕阳渐渐收敛了光芒，变得温和起来。赵师傅微笑着看着我们，窗外柔软的金色化作他眼里闪烁的光芒，那光里有梦想，有希望，还有明天。

但得夕阳无限好，何须惆怅近黄昏！

杨典
北京语言大学2015级本科生
2018年浙江调查

"厚德载物"，以德行作舟浮沉在经济死水的佛家智者

受访人：周勇（辽宁）

几经辗转，在无数次电话和微信联系后，我们终于回到了这家名为"博益印务"的公司门口。第一次来这里时，若不是周围邻居提醒，我可能都不会注意到这片楼群尽头的灯火阑珊处还有这家店开着。也不怪此间主人疏于打理，和我们访问的其他企业相似，这些布满灰尘的牌匾和玻璃大概是这些挣扎在经济萧条环境中的小微企业代表性的装束。

推开门走进工作间，员工们十分热情地向来过几次的我们打招呼。我们坐在沙发上等待，看着沙发对面的一排电脑和桌椅：那是员工们工作的地方。尽管从外面看上去这家公司死气沉沉，但内部运作却井然有序，我们第一次登门拜访时，员工都在认真地各司其职——即使老板不在。与此前访问过的几家公司不同，这家博益印务给我印象十分深刻的是这里的气氛：无论是员工们之间交流，还是接待我们，或者是联系老板的语气，都很轻松，不疾不徐。就好像他们不只是同事，和老板也不仅是雇员和雇主的关系，更像一群朋友为了共同的理想和事业在一起做事情一样。这让我对这家公司，以及它的企业主周勇先生产生了很大的兴趣。

和很多冷淡的企业家不一样，周勇先生在接到电话时表现出了极大的热情：他没有婉拒、没有推辞、没有许下空头承诺，而是很认真地安排了访问的日程，并在电话中一再强调："大学生做这种事情，我是支持的。"据他所说，他事先推掉了一下午的业务安排来接受我们的访问调研。在电话中，周勇先生

的语气十分和蔼，这和他本人的气质是相符的。在与我们相见时，他带着和气的笑容，慈眉善目的样子像一位功德无量的高僧，让人不自觉地对他产生一种亲切感和尊重。

在周勇先生的带领下，我们越过整洁的办公室，里面的待客室却又是一番风景：屋子中央放置着一张实木的茶几和两张待客的椅子；茶几旁边的根雕盘根错节，上面挂着几串佛珠；在茶几旁坐下，对面的墙上挂着用行楷写的工工整整的《般若波罗蜜多心经》，而我们身后是摆满了收藏品的柜子。待客室的尽头是另一间房间，从门口向里面看去，可以看见一尊佛像和几个蒲团，佛像下的香炉还生着缕缕青烟。坐在屋子里被这股禅意所感染，即使是经常觉得浮躁的我，心里却也是一股说不出的宁静祥和。

与大多企业家的雷厉风行、追求高效率不同，周勇先生总是显得不慌不忙——烧水、洗茶、沏茶，还聊了许多调研目的、背景，甚至是题外话，然后才切入正题。周勇先生总是把事情安排在看似散漫实则井井有条的节奏上进行，这也可能和他对佛学深刻的理解有关。"活在当下才是最重要的。"他一再强调。

颇有几分超脱气度的周勇先生，年轻时的经历则丰富多彩。从广告设计专业大专毕业之后，他做了和自己专业不甚相关的职业——在一家保健品公司做销售员。凭着能力和对每一个机会的把握，在短短的四年之内，他连升数级，做到了市场总监。此中细节他没有细讲，他只是说："如果你跳出事外，以老板的视角考虑问题，再回到自己的岗位上踏踏实实做事，那么你一定是升职最快的那个。"

如果说接连晋升算是一个值得称道的事情的话，周勇先生却把更多的兴趣放在了其他的事情上——因此，在后来保健品公司由于总公司经营不善而破产时，周勇先生并没有走投无路，而是凭着他积攒的人脉和资源，被同乡的朋友带去了吉林白山，在那里开立了自己的第一家公司：一家广告策划公司。

"那时是1998年，刚刚改革开放不久，正是'黑猫白猫一起抓老鼠'的时候。"周勇先生回忆道，"那家公司是我老乡以前开的，但是他和妻子运营不善，几乎就变成了一个空壳公司。这时他找到了我，把这家公司变成广告设计公司，他提供资金，我提供点子。"提到公司的运营环境，周勇先生皱了皱眉："我们公司是在当地的第一个也几乎是唯一一个这类公司，所以其实是很大的。但是你知道，国内——尤其在那个年代，对'点子'是没有什么重视程度的：他们知道这个东西是好东西，知道他们需要策划，但是他们不肯为之掏钱。"周勇先生提到他们接到的第一笔来自一家商场的单子，这家商场几年来一直按照他们公司提出的策划方案运营，可给他们的报酬却只是价值几千元的购物券。

尽管如此，周勇先生公司还是克服万难、红红火火地运营了下去。然而，为这一初次创业画上句号的却是周勇先生的老乡——在创业前他和他的妻子欠了一笔债务，却对周勇先生隐瞒了。在法院的最终判决下，周勇先生的心血被判用来抵债。

再次受挫的周勇先生回到了家乡——鞍山市。当时，位于东三省辽宁，以国企"鞍钢"著称的鞍山市依旧是"共和国长子"。"当年国家造车、造船、建设城市用的钢铁，可都是我们鞍山产的。大批大批的外乡人来鞍山定居，甚至有些剧院的演员从首都过来。为什么呢？因为鞍山给的工资高啊。有一部剧，别的地方看不了，只有鞍山演，高潮部分一起，机枪道具'哒哒哒'地在台上扫射，这一幕就有几十个人在后台配合……"说这些时，周勇先生带着笑容，眼里闪着光芒，满满的都是对家乡的骄傲。

就在那个辉煌灿烂的时候，周勇先生经一位在邮局工作的朋友介绍，开设了自己的第二家公司，也是第一家印刷公司。"当时他说，邮局有很多东西要印。与其包给别人，为什么我们不自己印呢？就这样，我们两个合伙设立了这家印务公司。"也正是那家印务公司，让周勇先生在"创业"和"印务"这条路上走了十余年，直到今天。

"如果说创业失败，我已经尝过无数次了。注册过、没注册过的企业大大小小也有十余家。"周勇先生回忆道，"凭着这些经验，除了印务，我还做了许多年的企业策划，为那些年轻且缺乏经验的创业者提供计划。除此之外，在去年全市的创业大赛上，我还有幸做了评委。"

"虽然企划公司我已经注销了,但实际上我还在做。要不是今天为了你们我把下午空出来了,你们会发现这个小屋子挤满了人呢。"周勇先生笑道。

提到公司发展,周勇先生表示喜忧参半。"喜"在于公司的内部稳定。"我对公司的管理有自己的'一招儿'。一共分两个方面:第一个是'底薪商讨制'——就是说,我的职员,如果对底薪不满意,可以提。提出之后,我们全体开个会,不满意的,说出不满意的理由,说出想怎么改。之后由大家投票决定,是同意还是不同意。第二个是'全民股份制'——因为种种原因,我没给他们全体交保险,但是我会把公司的1%股利作为补偿。如果做得好的呢,甚至可以提升,比如提到5%。这样一来,每个人都是为了自己的公司工作,不存在偷懒,也不会不满意。所以我的公司职员都愿意在这里工作,甚至介绍自己的亲戚朋友来这里工作,他们也都会努力工作。"

但是,除去公司的内部因素,公司外部的大环境却十分让人心忧。如其他访问的企业主一样,提到鞍山的发展,周勇先生摇着头说:"肯定是一年不如一年了。从市场来讲,现在的市场风气很差,现在欠我们钱的已经在打官司的有三家,在准备阶段的有两家。尽管胜诉了,但还是追不回钱。从政府来讲,现在有的政府官员考虑问题却用的是商人的思维——当政策下来时他们考虑的不是怎么让百姓得到好处,而是自己可以从这里牟取多少利益。"

不过,对发展最大的禁锢,来自思维的落后:"人们不想为'点子'买单,也不懂得产权保护,更不敢创新。打个比方,南国梨是鞍山的特产,但水果能有多大竞争力?前几年有个厂子推出了'南国梨酒',第二年就被盗取了创意,现在那个'小偷'混得风生水起,可原创者却已经倒闭了。实际上,南国梨不止能酿酒,还可以熬糖,味道不错,营养丰富,也可以化痰止咳。有一年我去和果农商量,这些卖不出去的以及不太新鲜的南国梨可以熬成梨膏糖,他们却死活不肯,说没人这么做过,不停推脱找借口。"

"你看,白给的创意摆在这,没人肯做。"周勇先生无奈地说道。

除此之外,在东北深为诟病的官僚主义也令人头疼。"老一辈不尊重年轻人,政策也跟不上,毫无活力的国企依旧觉得自己是'铁饭碗',没有关系和票子根本进不去。年轻人和'想做点大事的人'得不到发展，都离开了鞍山。留下一堆老顽固老古董故步自封，还能有什么进步？"说着，周勇先生望向了窗外的街道。被狂躁鸣着喇叭的汽车卷起的碎石和沙土恣意飞舞。

"做人，总是要有些情怀。我也想为家乡做点什么，我也在力所能及地去做。"周勇先生说这话时，带着些许落寞的微笑，"尽管情怀不值钱。"

不过对于周勇先生来说，过去的经历和未来的发展都不是他第一考虑的。"佛学不讲过去，过去的东西像一堵墙，抓着过去不放就好比用头撞墙；佛学也不讲未来，未来的东西像窗外的风景，过于憧憬未来好像用头撞窗。佛学讲究的是'活在当下'。"

"其实我和你们一样，也在做这件事情。"在日渐低迷的经济环境中，周勇先生也联系、走访、聚集了许多小微企业，成立了一个联盟。"在经济的寒冬中，我们别无他法，只能抱团取暖。"周勇先生拿出一本宣传册，"这是我们集资印的。大家都出一点钱，我们设计印刷，再将他们投放出去。除此之外，去年春节我还尝试着做礼物策划，帮助别人设计给家人、朋友或者上司的礼物，也可以帮助其他盟友卖卖东西。

"现在，我们在帮政府部门制作一个网站，用来收集企业信息，资料和联系方式。另外可以第一时间为企业带来政府部门的最新政策，为企业和政府搭建一个沟通渠道。所以我一直在说，其实我在和你们做同样的事情。"

人们常说靠一个人的力量阻挡不了什么，也改变不了什么。但周勇先生至少凭着自己的力量，在为自己和联盟的众多小微企业，甚至为了自己的家乡，努力寻觅着出路。我不敢预言他的努力会为没落的鞍山经济带来多大改变，但至少他的努力、他的情怀、他的精神在我看来，熠熠生辉。

调研和讲故事进行了一个下午。当调研的最后一个环节结束后，公司已经下班了。周勇先生留下我们说："我看你们很好，这一趟和你们也有缘，想再和你们多聊几句。"

回到待客室，周勇先生看着我说："钱，它是个好东西，对吧？"

我点点头。

"为什么呢,你用钱可以买东西,可以雇人劳动,甚至可以换来别人对你的友好和尊重——'有钱能使鬼推磨'。总结一下就是:钱可以改变别人的行为。"

"那么你再想想,还有什么可以改变别人的行为?"周勇先生抿了一口茶,笑着看我。

我仔细地想了想,试着回答:"可能是……比如人情啊,或者事物之间的等价交换。"

周勇先生点头表示肯定:"你说的这些都不错,感情、权力、行为,甚至是暴力,这些都算。不过佛学中,讲究的是'德行'。你对别人的友好,对他人的帮助,所积下的善行,这些都是你的'德行',都可以和金钱一样,来改变别人的行为。比如我正努力做的:成立联盟,对别人施以援手,也得到了别人的感激。我若是出家皈依佛门,这些感激将会是我留给我儿子的财富。

"所谓'厚德载物',当你明白了这一点,你就会明白,你的'德行'和金钱一样,是可以改变别人行为的东西。因此,你将不会被金钱所改变。你会做金钱的主人,而非它的奴隶。"

说这番话时,他带着慈祥的微笑看着我。这一刻,仿佛我们不再是访者和受访者,而是一位智慧的高僧在看着不谙世事的、懵懂的小沙弥。

靳佳辉

浙江理工大学 2017 级本科生

2018 年辽宁调查

李总和他的大唐

受访人：李总（辽宁）

打开平板电脑，糟糕，又是一家注册在小区内的科技公司。一种"又要找不到"的不祥预感压在我们心头。找到具体位置，却是一家广告公司。遂打电话。老板正忙，低沉的嗓音："你们来海洋公园吧，我半个小时以后到，我很忙，再见。"

打车去海洋公园，沙滩、烈日、人群、天际线。公园太大，我们不知道在哪里可以找到李总，突然想起在文印店里一个小哥给我们看的灯会的推送，心中揣测李总定在忙灯会相关的事情，遂向路人询问灯会的消息。

走路去灯会，映入我们眼帘的是一个仿古的大门，门口一幅巨大的红色彩灯。门留有一缝，透过门缝窥探过去，有水一片、莲一朵、船一角。我们还是很好奇，这门后的世界究竟是怎样的。

给李总打电话，占线。这似乎是联系不上的一个信号，再打电话，仍然占线。再经多次尝试，终于联系上了。李总说要亲自到门口来接我们。我们倍感欣喜。

初见李总，戴一鸭舌帽、着一件黑T恤，步伐沉稳、表情严肃。旁边的工人拿了三

灯会现场（一）

灯会现场（二）

把椅子，招呼我们坐下。我们就在这灯盏会的门口开始了访问。但很快，我们就发现李总真的很忙，每几分钟就要接听一个电话。

问卷的问题有点枯燥乏味，李总已经掩不住其工作繁忙后的倦意。李总一共创建过四家公司（我们一开始找到的广告公司就包括在内），但是尴尬的是其他三家都在运营而且情况良好，抽中的那一家恰好是不运营的。在我们问完创业史部分的问题后，李总就提出事务太繁忙，要预约再次访问。

我们表示感谢，就要起身离开时，李总却说："你们来看看这灯会的布置吧。"李总这才打开了大门，映入我们眼帘的是一片水池，有人在泛舟，周围有许多莲花。旁边的一块石头上，立着一只麒麟。令人惊讶的是，这些形象全是用彩灯扎出来的。水池后面是一条仿古长廊，长廊后是一片假山水。远观好似一幅讲究的画作，置身其中，仿佛穿越回了古代，尤其像气象万千、包容大气的大唐。李总还给我们介绍了很多彩灯的典故，有很多灯的设计并不是像其他一些机构一样从网上直接扒下来的，而是都来自中国古代传统艺术中的元素，再经过自己的艺术加工和设计。我对这方面了解的也不是很深，虽然听得一知半解，也津津有味。

李总说，自己做这些彩灯是出于个人的兴趣。中国的传统文化是一个巨大的宝库。在南方的许多地区，传统文化被保护得比较好，大家也愿意去了解。但是在东北，这种氛围却不是很浓厚。"像我这种规模的灯会，如果放在南方的城市，价格上涨一倍，都会有很多人来看，但是在东北，即使是现在这个价格也鲜有人问津。老百姓对传统文化不感兴趣，反而对一些不太'雅'的文化感兴趣。

"我现在做的这个事情（灯会），阻力很大，其实根本不赚钱，甚至还在赔钱。但是我也不在乎，因为我喜欢，而且我觉得我做的事情有意义、有价值。我想尽我自身的一份力，来扭转东北的这种现象。我希望能影响到东北的年轻人，让他们也能热爱、保护我们的一些传统文化。但是我周围的一些人却不理解我。如果这回又赔很多钱的话，这个灯会很可能就办不下去了。"李总说完，有神的目光正在变得黯然。

灯会现场（三）

李总是一个非常有爱心的人，在过去的5年间，共计捐出了20万元人民币。他还想给一些残障人士提供工作岗位："他们虽然身体残疾了，但是也可以在我的广告公司做设计，我给他们提供不低于健全人的工资，甚至还更高。这能让这些残疾人认识到自己是对社会有贡献的人，帮助他们实现自己的人生价值。"此外，李总此次灯会在文化节期间，对所有65岁以上的老人是完全免费的，如果这些老人有子女陪同，子女也可以打五折："尊老爱幼是中华民族的传统美德，我们应该趁长辈们身体还好，多带他们走走看看。曾经为事业忽略生活太多，却不知生活亦工作，工作亦生活。"

我也被感动了，同时感觉自己也是一个很幸运的人。因为电话联系到企业家然后面访其实是非常困难的一件事

灯会现场（四）

灯会现场（五）

情。我们在跟李总联系的过程中，李总不仅没有怀疑我们，还在百忙之中抽出时间做这份问卷。而且像李总这样的人，不仅把自己的企业做得很好，而且还勇于承担社会责任，他们的努力，不仅是为了自己的福祉，也是为了本地区其他与他不相干的人的福祉，这样的人，才称得上是真正的"企业家"。我当时就说："李总，虽然很多人不理解你，但是我理解你。你做的事情非常有意义。"

记得前段时间在李开复老师的博客里读到的一段话："我们不需要去抨击那些办企业只是为了个人私利，为了获得商业价值的人，但是我们要去弘扬积极，正能量的，有爱国情怀的企业家。"我觉得，像李总这样的企业家才是值得我们新时代的大学生去学习、去崇拜的企业家。

不知道是否是这种孤独感压抑太久，李总的眼圈突然就红了起来，然后用手抹了一下眼泪。这是怎样的一种执着和勇气，让李总能够坚持自己的梦想一直到现在，纵然得不到别人的理解。而我们又是何其幸运，在调研开始的第一天，就能遇到这样的企业家，而他的故事值得我们花时间去回忆和记录。

当天晚上，我也带着我们整个小队来到了李总的灯会。

调研小队与李总（左五）的合影

最完美的展览就在晚间上演,伴随氤氲的雾气,整个园子,就是李总的梦想家园,这是属于他的大唐盛世。

如果有一天,你也来到辽宁,也许你也可以来到这海边,来到这个园子里看看灯展。这是一个 50 岁的企业家的梦想家园,虽然不是他的盛世,却是他的大唐。

许世园
天津科技大学 2017 级本科生
王瑞
北京大学 2015 级本科生
2018 年辽宁调查

西日尖措和他的扎西利民诊所

受访人：西日尖措（甘肃）

玛曲县位于甘肃南部藏族自治州，海拔 3 700 多米，近 90% 的人是藏族。在一个凉爽的早上，我们在一个小巷子里找到了扎西利民诊所。这家诊所门口的招牌并不显眼，诊所的空间也不大，只有三个房间，几个藏族打扮的病人正在走廊的椅子上坐着接受治疗。与穿着白色护士服的姐姐沟通并讲明来意后，她告诉我们，我们要找的企业主也就是西日尖措医生不在，让我们第二天再过来。

第二天一早，我和搭档来到扎西利民诊所。我们看到，诊所外面的走廊上坐满了人，大都是藏族普通百姓和寺庙僧人。透过窗户能够看到一位穿着红色僧服的僧人正在给病人看病，这是我第一次见到西日尖措医生。由于语言交流的障碍，我们都听不懂对方在说什么，我微笑着向他示意，他用慈蔼的微笑回应我。

扎西利民诊所正门

虽然语言不通,但他的眼神中从未有过不耐烦,那是我在别的地方从未见过的神情。诊所里的其他人好像也不懂汉语,于是,西日尖措医生让他的护士找来一位年轻的小哥给我们做翻译。在翻译小哥的帮助下我们向医生说明了来意。由于在藏区而且访问对象是一位僧人,我们想到可能会被拒绝。出乎意料的是,西日尖措医生答应了我们的访问,但因为诊所外面还有许多病人等着就医,访问只能约在傍晚下班时进行。

络绎不绝前来就诊的病人

傍晚五点,我们再一次来到诊所,这个时候门口的走廊里已经几乎没有人了,我们在翻译小哥的帮助下开始了访问。访问过程中,我们了解到,西日尖措医生在当地是一位德高望重的藏医,主治高血压、关节炎、头痛等疾病;病人大都是慕名而来的。拥有医学硕士学历(藏医私立学校)的西日尖措医生过去是青海省一家藏医院里的医生,几年前,已经是科长的他辞去了工作,也拒绝了其他医院的高薪聘请,来到玛曲,开了这家诊所。通过交谈,我们知道,来就诊的病人大多是附近的藏族普通百姓或者寺庙的僧人,其中有很多家庭贫困的病人,西日尖措医生都会给他们提供免费的治疗和免费的住宿。当我们问到他一年的营业收入、职工薪酬福利总额等经营数字时,他自己都不知道。他告诉我们他自己也没有认真计算过,因为他觉得这些对他都不是最重要的。听到这里我们都感到很惊讶。他告诉我们,这个诊所在我们眼里是企业,但是对于他来说,这就是一个给他的病人提供医疗便利的地方。他说:"我开这个诊所不是为了挣钱,而是为了治病救人、传播医

温暖的对望

术,一定要抱着善心行医。""善"在西日尖措医生眼里仿佛比任何东西都重要,他没有孩子,也没有房产,只有他的扎西利民诊所和等着他的病人。

在访问过程中,有一个三岁左右、穿着红色僧衣的小男孩跑进房间,趴在桌子上用奶声奶气的藏语和西日尖措医生说着什么,十分可爱,我在医生眼里看到了满眼的宠爱。后来翻译小哥告诉我们,医生收养了30多个孤儿,累计花费30多万元。短短的访谈不断冲击着我的内心,十分崇敬,又觉得十分忧心,同时又无比暖心。

我们临走前和翻译小哥交流,才知道小哥并不是医生的家人,而是从四川阿坝带着瘫痪的母亲来玛曲找西日尖措医生看病的。但我们看到他们之间的相处就像家人一样。在这个世界上有千千万万个诊所,但这一定是最特别的一个,因为它是用爱和善良在经营,用信念在浇灌。西日尖措的诊所里,所用的藏药都购自寺庙,也许寺庙就是他的家,寺庙僧人是他的家人,藏族普通百姓也是他的亲人。

采访之后,我对企业的作用和企业家的责任产生了思考。历史告诉我们,资本的原始积累伴随血腥的剥削;现代公司金融理论告诉我们,企业的目标是获利,从这个角度看,难道西日尖措医生是在做慈善吗?这个问题,我想也许从企业家的使命角度能给出一个解释。松下幸之助说过,企业经营的最终目的不是盈利,而是把大众需要的东西,变得像自来水一样便宜。"自来水哲学"的核心,就是永远为民众服务,通过丰富和不断增多的物质使人们得到生活的安定和幸福。西日尖措医生的护士大多是慕名前来学医的学徒,学成之后再各自回乡行医,行善积德,于是医生的供给增加,民众的就医成本下降,福利得到了提升。所以和松下先生口中的企业不同,藏医的诊所虽然没能完全脱离价格机制而经营,但由于有了信仰加成,以传播医学为己任,不在意财富累积的多少,但殊途同归,他们都为社会福利的提升做出了贡献。

西日尖措医生(左一)与访员们合影

世人曰天下熙熙,皆为利来,殊不知医者攘攘,可为信仰。扎西利民诊所就如同它的名字一样,烙刻在海拔 3 700 米的美丽草原上,同时我们也希望它能够烙刻在每个人的心里。

调研者

吴建敏

贵州大学 2017 级硕士生

熊冠铭

北京工业大学 2018 级硕士生

2018 年甘肃调查

秉承初心，负重前行

受访人：陆生先（浙江）

17岁的陆先生不知道，自己之后的20年都将和手里的螺丝打交道。彼时，刚刚从机床上制作出来的螺丝油亮光滑，黑色机油散发出的味道浓厚。螺丝上的纹理一圈一圈绕着环，像极了这个临海的半岛海港附近偶尔见得的海螺花纹，只是前者规规矩矩，后者形状各异。那一年，陆先生还未踏出过浙江玉环半步。

2003年，中国五金协会在北京人民大会堂授牌玉环为"中国阀门之都"。2008年，我国货物贸易顺差达到2 981亿美元的历史高点，其中，工业制成品的制造商里不乏浙江玉环的诸多制造业中小企业。各种阀门、汽配部件制造业公司也如雨后春笋一般冒出头来，玉环大部分中小制造企业的创业历史都是相似的，因为家中有亲戚或者朋友做相关的生意，所以连带着亲朋也一起加入，逐渐庞大。这种简单直接的加盟关系是玉环最初制造业兴起繁荣的重要推手之一。

然而陆先生不同，他不属于那些天生就有着制造业裙带关系的幸运儿集群。小学刚刚读完，他就失去了上学的机会，开始帮人上工干活。最开始的工作内容十分简单，慢慢地，他也接触起相对来说技术难度更大，程度更为复杂的制造工艺。与旁人不同，年轻的陆先生默默记熟了这些工艺和流程，所幸他的工作大部分都与螺丝制造相关，所以记忆起来难度不大，并且越操作熟练程度也越高，在裙带工厂纷纷因为经营不善或者技艺不精而倒闭或者关停时，陆先生决定开办一家制造螺丝的工厂。

那是在2008年，陆先生的小儿子刚满八岁，大女儿已经上初中了，家里各项开支都开始吃紧，夫妻二人做工的收入总是入不敷出乃至青黄不接。于是一家名叫"莹超机械厂"的企业在玉环市工商局登记注册成立了，"莹"取自女儿的名字，"超"取自儿子的名字，因为登记时间尚早，这个名字幸运地没被人抢注过。像大部分老一辈的企业家一样，陆先生并不知道自己当时的决定在现在的年轻人看来是多么大胆而时髦，"创业"两个字对他们夫妻而言似乎是不相干的事，自家开办厂房购置机床好像和村口那家早餐店支起帐篷打开蒸笼卖包子一样简单方便，都是为了生活。陆先生没有想做时代的弄潮儿，也不是瞅准了什么风口。

在玉环，开办企业购置器械确实非常方便快捷。一来，制造企业十分集中，制造机床的购买和运输都很便捷，顺着亲朋好友的关系一一问过去，总能通过熟识的人拿到性价比最高的商品；二来，政府对企业开办的条件较为宽松，尤其是改革开放最初的那几年，家庭作坊、中小企业遍地开花，就连主营业务是工商代注册的这些代理中介机构也赚得盆满钵满。因为不熟悉企业注册的流程，陆先生也找了一家一条龙服务的代注册公司，前前后后花了三四天时间，企业就顺利登记注册了，各种执照手续印章也办妥，虽然花了1 000元钱左右，但是陆先生觉得钱花得值当。

在工商局将"莹超机械厂"这个名字敲入玉环企业名录的同时，一间白色的小厂房也在玉环小普竹村一砖一瓦地搭起来了。顺着村路或者沿着田埂往村子里走百十来步，拨开那株繁茂的石榴树的枝条，长约50米、宽约30米的厂房就映入眼帘。房顶上盖着的是白色的透明塑料布，结实稳固，白天日光透进来，整间屋子宽敞明亮。这间红砖铸就的长方形房子就是"莹超机械厂"最初的雏形和诞生的地方。

刚刚创业的夫妻俩并没有多少余钱，修建厂房以及办理登记已经把家中不多的存款花得所剩无几。陆先生咬咬牙向亲戚借了几万元钱，还是购置了当时来说较为先进的两台螺丝制造机床，因为在好几个螺丝厂工作过的陆先生心里非常清楚，只有生产出好的产品才能在市场上打开缺口并且立住脚跟，如果最关键的地方不注重、不投资的话，最终自己也很难走得长远，因此即使是借钱也要买好机床、好设备。

机器轰隆隆地运转起来，第一笔订单也如约而至。"莹超机械厂"属于代加工企业，没有品牌优势的加成，完全需要凭借产品的质量和自身的信誉才能在市场上突围血拼。因此对于这来之不易的第一笔订单，陆先生看得非常重要。买家要求在一个月之内生产出既定数量的螺丝，这对于仅仅拥有两台机床制造设备的"莹超机械厂"来说是一项极为艰巨的任务，但是合同已经签订，开弓没有回头箭，回头既是毁约，也会让"莹超"的未来之路更加难走，陆先生和妻子只能硬着头皮迎头顶上。小厂刚开没有其他员工，于是夫妻二人只能轮班倒，不分白天黑夜地连轴转了好几周，终于在保证质量的前提下完成了数量的要求，而且次品率远远低于其他小厂。买家喜笑颜开地接过成箱质量上乘的螺丝成品，辛苦了一阵子的陆先生也终于放下心来。

第一次的成功虽然不能保证日后每一笔订单都顺利完成，但至少能验证，踏实加苦干这两样东西加在一起是行得通的。

"当然运气也有它的作用在。"当我们访问这位朴实的企业家时，陆先生和妻子相视一笑。

"一点点的运气，再加上我们加倍的努力，第一笔生意成了以后，后面找我们做工的人就多了，订单给的期限也放宽了不少。"谈起自己的信誉和口碑，夫妻俩的语气里洋溢着自豪和欣慰。

这的确不是空口泛谈，如今在小普竹村，提起"莹超机械厂"或者他们夫妻二人任意一个人的名字，大家都会带着钦佩和羡慕的眼光望向那间白色的小厂房，并且热情地给来者指引方向。乡亲们提起这对螺丝夫妻，眉眼里都是笑意。一点点的运气加上成倍的努力就成了加速成功的催化剂，不否认自身的勤奋，也承认幸运之神的垂怜，这既是一种坦诚，也是一种难得的开朗和豁达。

生意渐渐好了起来，可是烦心事依旧没有变少。工厂日益走向正轨的同时，"莹超机械厂"面临的竞争也越来越多，不仅同村的青年们跃跃欲试，隔壁的龟山村也开起了好几家阀门和螺丝厂。为了保证质量和生产速度，陆先生开始在技术和人员上下功夫，他先是招进来好几个专研技术的技术工人，将普通的生产工和技术工的薪酬拉开差距，又先后把当初风靡一时的螺丝机床，换上了更加先进的制造设备。对待产品的质量检查和标准要求也更加严格认真，技术工人生产出来产品以后，陆先生的妻子还会一个一个地进行质量检测，为此，陆先生妻子的手上常常沾满黑色机油，但是这依旧阻挡不了夫妻二人对产品质量的高要求和高标准。浓烈刺鼻的厂房味道对外人来说需要掩鼻逃遁，但对于陆先生，却是最美妙的气息。

除了日益加剧的竞争，陆先生还面临另外一个难题，这个难题不仅是"莹超机械厂"的困局，也是玉环乃至浙江诸多家庭作坊和中小企业面对的巨大困顿之一——工业土地价格异常高昂。

当地政府为了产业升级和创造更好的就业创业环境，在玉环的许多村镇都兴建了新兴产业园或者工业区，这本来对于像陆先生这样的中小企业主来说是一件天大的好事，因为这意味着竞争将进入标准化，产品市场不会再是一团乱麻。但令这位企业主苦恼的是，工业区的土地价格动辄1平方米上万元，如果想要购买像小普竹村的厂房这么大面积的工业区土地，那么价格可能不下千万元，这对于他们夫妻二人来说，简直是不可能的事情。虽然进入工业园区确实会有更好的作业环境，各种设备也会更加先进，也会让政府的扶持政策更加惠及自己，但在天价土地面前，陆先生只能望而却步，对于转型升级的要求，也只能连声嗟叹。这是陆先生的困局，也是玉环的困局，更是当今中国产业结构转型升级的困局。如何从困局中突围，即是我们当下亟待解决的问题。

问及是否希望"莹""超"姐弟俩接手自己的小企业时，陆先生笑着摆摆手："好好读书就行了，学点技术，想做什么都随他们去，工厂办不办得下去都不用他们担心。"

陆先生和妻子创办企业的初心是希望能支撑家中的开支，供子女上学。但渐渐地，制作高品质的螺丝成为夫妻俩的责任和内心对自己的要求，对得起良心的品质是底线，也是好口碑的来源。面对新时代的机遇和困局，以高技术起家的陆先生从心底里明白，技术升级是根本，但是如何升级、何时升级、谁来升级,这些难题也一个个横亘在面前。

在时代的浪潮面前谁也躲不过转型的洪流,但是我们依旧相信,"莹超"会走得很远很远,因为初心仍在,信心仍在,一个企业家的坚守仍在。平静的玉环海面下急流涌动,负重的舟儿亦能傲然前行。

苏孟玥

北京大学 2018 级博士生

2018 年浙江调查

五 感悟

另一个角度看世界

参加此次调研前,我大多是作为一个消费者和游客去了解中国的城市,考虑的基本都是什么好吃、什么好玩。事实上,田野调查是我第一次去往家乡省份以外的乡镇,而这次甘肃泾川和辽宁普兰店之行让我意识到,当从中小企业的立场出发,从乡镇人民的角度出发,深入基层去听创业者们的辛酸苦辣时,世界是如此不同。同时我也庆幸自己参与了两轮调研,甘肃和辽宁虽然同是北方省份,一西一东的风土人情却大相径庭。

您对陌生人的信任程度有多少?

这是调研过程中我们会问受访者的一个问题,简单一道打分题的背后却可能有很多故事。

第一站甘肃泾川民风淳朴好客,一如大西北给人的整体感觉。第一家接受采访的是一个广告公司,我们说明来意后老板便热情招呼我们坐下。随着访问的深入我们才得知,眼前这个不到30岁的年轻人已经出来从事广告行业十几年了,在回到泾川自己创业之前,曾在宁夏与朋友合伙开公司,但因当时年龄太小没能注册成为公司股东。在宁夏的公司顺利运营两年后,一次他带着工人远赴内蒙古完成一项广告业务,回来竟发现合伙人卷走钱财、人去楼空。他用了整整两年时间才从损失中休整过来,最终回到家乡开了自己的广告公司。老板讲故事时我特意观察了他的表情,他是笑着的,眼睛闪着光,没有怨恨,没有愤懑,是大风大浪过后的云淡风轻。

"我知道他家条件不好，出事以后他也没回去过，说真的我现在很想知道他过得怎么样。"他说。

"朝夕相处的朋友尚且会背叛您，那您对陌生人的信任程度有多少呢？"我问道。

"还是要相信这个世界是有好人的。"他淡然地答道。

随后几天我们遇到了给予我们鼎力帮助的牛大哥，对于素昧相识的我们，牛大哥听完我们的自我介绍后便欣然接受了访问，更主动提出开车带我们下乡访问，一路上找熟人帮我们打听企业位置，细心帮我们规划路线，可以说没有牛大哥的帮助，许多在自家住宅开公司的企业我们都是找不到的。牛大哥对于陌生的我们给予如此高的信任程度，是我未曾想到也感激不尽的。

第二站辽宁普兰店又是另一种人情味。刚到普兰店的几天，我们做得有些吃力，往往需要拿出学生证和反复说服才能成功访问。惊讶于当地人对我们的不信任，我询问了一些愿意受访的企业家才得知，近年有太多外地人来普兰店诈骗，导致现在当地人看到外地面孔、听到外地口音便会产生警惕。事实上普兰店人对于自己熟悉的人是非常仗义的。随后几天我渐渐感受到了东北人的热情豪爽，有一次去采访一个服装厂大姐，纵然大姐受访过程中直率地告诉我们因为骗子太多所以不太相信我们，她还是放下手中的活儿答完了整个问卷，还问我们要不要吃刚煮好的"苞米"，最后她掏出手机要与我们合影一张。最后一天访问到一家菌业公司，天气很热，房子里很闷，老板娘忙着指挥工人装空调，还急着去接孩子，但看到我们大老远跑过去找她，还是接受了访问。"你们俩孩子这么远跑过来也不容易。"她说。

您了解中美贸易战吗？

我们的样本企业大多在乡镇里，泾川与普兰店都不是商业贸易中心，于是我们已习惯于在问到这个问题时听到"不太了解""目前跟我没什么关系"的回答，所以在访问普兰店皮口镇夹心社区的一家五金店时，店主的回答让我眼前一亮。

"你看新闻吗？今早刚报道中方要对美征收160亿元关税！"他忽然严肃了起来。

"哇，您平时还挺关注时事新闻啊！"我吃惊地感叹道。

"那当然，我是党员，要时刻了解国家大事！"他骄傲地回答我，随后又侃侃而谈了很多对于贸易战的看法。

我被他的自豪感和责任感感染了，佩服于他身处乡下，年近半百，没有明显受到中美贸易战的影响，但却能清楚地记得早晨新闻里中国反击的具体数额。基层人民愿意主动了解国家大事，我们的国家就有了希望。

意料之外，有些看似与中美贸易战不沾边的基层企业，却受到了贸易战很大的影响。访问完五金店我们又找到了一家养猪场，场主人激动地说："自从中美贸易战开始，我的猪平时要吃的进口猪饲料价格上涨了很多，因为饲料里有美国大豆。"由此可见，国家之间的贸易战会直接影响到乡下养殖场，进而影响基层人民的生活。

泾川的楼盘经理人也给出了我未曾想到的回答。这个年近半百的中年男子从坐下就给人一种器宇不凡的感觉，在楼盘等候了多时的我和搭档上前一问，果然，他就是楼盘注册法人兼楼盘的经理人。

"来来来，坐下说，你俩喝茶吗？"不同于外表的威严，他热情地招呼我俩，访问过程中还细心地给我们添茶。

"中美贸易战对咱楼盘有没有影响啊？"访问到一半，我例行问出了这个问题。

他忽然皱紧了眉头："怎么没影响？影响大了！你知不知道美国的铝变贵了以后，我们盖房子成本大幅上涨，涨得我们房价都提高了！"

我忽然意识到贸易战对建材市场的巨大影响都映射到了身边的各项工程上，受到铝制品涨价影响的绝对不止这一家楼盘，接下来受影响的就会是买房子的人，而买房人在购房上支出变多，用于其他消费品的支出就会减少，进而影响其他市场。

您的公司还在运营吗？

在普兰店做调研的日子里，我的最大感受是这边倒闭的企业太多太多。平均算下来，每十家样本企业，还在经营的大约只有两家，一家正常经营，另一家因为生意不好挣扎在继续经营和关闭之间。每晚七点过后，普兰店大街上行人很少，店铺也都早早关门，道路黑漆漆的，偶尔有一两家饭店还开着门，等着九点打烊。就算是正午时间，大多数小饭馆也只有一半的落座率。出租车司机师傅说："如果这边的小馆子能撑过三年，那一定是菜非常非常好吃的馆子。绝大多数逃不开倒闭的命运。"每每拿着企业列表打听企业现状，路人总是说："这个，这个，还有这些，都黄了（倒闭了）。"据一位不愿意透露职位和姓名的公务员说，普兰店这种小县城当前太缺人了，一本以上毕业的年轻人学成以后没人愿意回来，整个县城人口老龄化太过严重，老年人不愿意消费，年轻人太少，在这边做生意很难拉到客人。区政府也想招揽人才，但目前财政收入根本不够公务员们的日常开销，政府每年都在积累债务，无从制定优惠政策吸引人才。这位公务员又说："你们是高才生，能不能帮咱想想办法，咱普兰店以后应该怎么发展？"

如果在原地址找不到企业，我们只能询问周边的人并且打电话寻找企业家，有一次通过电话联系到了企业家，没说清来意便被当成催债的，再打过去显示电话已停机。想必关闭企业前这位企业家经历了一段艰难的日子。

泾川关闭的企业倒是不多，但是存在另一个十分严重的问题，很多畜牧场、养殖场、家庭农场就从未运营过。每每到了乡下，风尘仆仆赶到注册地址××村，大部分情况是只得到"这地儿就没开过农场"或者"你确定他是我们村的吗？我怎么没听说过"的回答，有些连村主任都没听过。给我们开车的大姐说："这么个小地方，正经开店的肯定巴不得所有人都知道，不可能存在这种连村里人都没听过的情况。"其中缘由想必跟前一阵子开农展会获得国家补贴有关。

人才的问题

从泾川到普兰店,从西到东,都有一个共性的问题:人才匮乏。泾川的楼盘经理人说,在北上广一个人能干的活,在这边要雇两个人,因为他们一个人干不了,这边太缺人才了,想雇都雇不到。傍晚人潮最汹涌时走在泾川街头,映入眼帘的绝大部分是老人、妇女和儿童,青年男士很少。我们曾经坐在一家大工厂的门房跟守门人聊天,他说他们村绝大部分青壮年都去外地打工了,他自己也是在北京工作多年以后才回来的。

普兰店的企业家们常常跟我抱怨,普兰店人都在往外走,只留下老人和很少的年轻人,自然没人光顾店铺,更不用提人才。

没有人才,县城发展的路又在何方?在所有人都在奔向北上广、奔向省会的当下,如何吸引人才回县?这是个值得思考的问题。

我们的社会由千千万万个中小企业构成,企业家们是中国经济的强劲动力。这次深入基层使我了解了在县城、乡镇创办企业的酸甜苦辣,看到了许多问题,也看到了许多希望。社会永远有我不了解的一面,我所能做的,就是消除所有偏见,全身心地融入它,拥抱它,感受它。

耿婉妤
外交学院 2015 级本科生
2018 年甘肃、辽宁调查

草根企业家们的创业选择和挑战机遇[*]

创业选择——故事开始的地方

"您是在经历了几份工作之后下了创业的决心呢?"

"在创业前您的最后一份工作是什么呢?"

每个草根企业家的创业决定背后,都有一个故事,透过问卷中的问题、访谈中的闲聊,以及创业者们或直爽或羞涩的回答,多多少少可以瞥见他们当年的经历。

"创业是想证明一下自己"

坐落于浙江省杭州市淳安县鼓山工业园的一家弹簧厂,厂房面积虽不大,但和周围的其他工厂相比,明显更加整洁有序。一台台弹簧机排列在车间中,机器臂有节奏地摆动,各种形状弯曲的弹簧从机器口鱼跃而出。厂长也是创业者,回想起20年前筚路蓝缕的创业经历,他聊得格外有兴致。原本在县建设局工作的他,在1998年应该可以说是拥有令人羡慕的"铁饭碗"。放弃安稳的工作和生活"下海"创业非常需要勇气,因此厂长为何做出创业的决定让我们非常好奇。"大概就是想证明一下自己吧。"在短暂的沉默后,厂长似乎很不容易组织好了语言,这么回答我们。政府按部就班的生活让年轻时的厂长觉得没有

---

[*] 考虑到个人隐私,本文中的企业名、企业家名均略去。

施展的空间，也因此被妻子娘家人看不起。所以当他的舅舅萌生办弹簧厂的想法，问他要不要一起时，他果断答应了。"现在看，那个时候也是把自己逼上'绝路'了，"厂长笑了笑，然后突然抬起头对我们说，"唉，人啊，其实还是不要随便把自己逼到绝境里去。"创业其实是为了给自己争口气，2004年，在经历了与舅舅办厂理念不合的痛苦之后，他开始了第二段创业。还是办弹簧厂，而这次是为了证明自己对产品品质的苛求。他投入大笔资金购买国际先进的弹簧机，自办培训班培养技术工人，而创业之初这么大的投入在当时的旁人看来匪夷所思。现如今，他的弹簧代表了国内前沿品质，产品供给美的、格力、华为、苏泊尔等知名品牌，终于证明了自己二次创业时的雄心。"自己有想法就要去证明自己，这也是我执着于二次创业的初衷。"

"自己开店毕竟收入还是高的"

调研的镇上有一条蜿蜒绕湖的步道，沿路风景秀丽，一家样本酒店就坐落在沿湖步道对面。虽然距离繁华的镇中心稍有距离，但毗邻公交站，面对千岛湖的碧波潋滟，区位和环境条件都还宜人。酒店老板是一个很和善的大叔，说话不紧不慢。创业前大叔曾在农村供销社当职员，生活很安稳，但按照他的说法，还是自己做点生意收入更高。在开酒店前，大叔还开过一家网吧，面积不大，大概不超过80平方米的一个房间，里面摆上几十台电脑。"以前上班的时候，一个月收入600元。开个网吧，一天就有600元的收入——是一天哦！等开酒店了，那个时候生意好，一天就能有6 000元的现金流哦，这就是差别啊！"说起更高的"现金流"，大叔面露得意之色，"你看就算现在不再有什么新的（投资），就是维持着，有了这个现金流，我们有房有车，生活得舒舒服服的，是不是？"说到得意处，大叔雄心勃勃："我现在的酒店是三星级，将来干到四星级、五星级，每天可不就得是60 000元的现金流喽！"

"我们还是想回家乡"

我们的受访者里,有一对开家庭农场的夫妇。据老板娘说,在本地开农场之前,他们在上海松江也办过农场,土地流转加上规模化经营,现代农业的发展势头很不错,"基本年年都是有赚头的"。有了一些积蓄之后,"当时是想着还是回家乡嘛",于是决定回来重新开始创业。因为之前有办农场的经验,回来之后还是选择继续开农场。夫妇俩是城关镇人,在偏远的另一个乡承包了100多亩农地种水稻,稻谷的种子从本地的种子公司购买,但收获的稻谷因为本地的粮油公司不能深加工,他们一直和外地一家粮油公司合作。除了在乡村开农场,他们还在县城开了一家渔网店,大部分时间丈夫在县城看店铺,妻子主要照管农场。放下外地已有的基业,为一腔乡愁回到家乡创业,大概也是不少草根企业家不辞辛劳的选择吧。

机遇与挑战——创业路上的彩虹与荆棘

我们在调研中贯穿始末的一个感受,就是创业实属不易。创业者们需要敏锐的头脑去发现机会,而即使抓住了机会,也还需要坚韧的意志去面对困难。市场的风向千变万化,机遇与挑战相伴相生。听创业者们讲述他们的故事,可以看到他们路遇彩虹的欣喜,也可以感受到他们披荆斩棘的艰辛。

做生意如果想要抓住机遇,总是要考虑当地需求的风口,在这一点上,开酒店的老板可以说是有眼光,也敢想敢干。"这里要发展旅游业,来玩肯定要住的嘛,所以开宾馆酒店肯定就会有市场。"谈到开酒店的想法,大叔这么回答。开一家酒店的投资比网吧要高很多,但大叔看准了这个机遇,相信这笔投资一定能够得到丰厚的回报。于是他把网吧盘了出去,又贷了不少钱筹建酒店。在酒店筹建初期,方方面面都要从零开始,大叔自己也说"从零开始是非常不容易的"。不过在旅游业带动下,住宿需求如大叔所料十分旺盛,而大叔当时酒店地段也选得不错，因此在酒店收入的"现金流"上，曾有大叔自己也很得意的"日进斗金"的盛况。

在我们的调研中，有一家影城的老板和大叔一样抓住了机遇，在市场竞争尚不激烈时进入，辉煌一时。眼光独到的老板看准了在县城旅游业的开发、人气的集聚下，丰富的需求将带来巨大的潜在市场，"县城里这么多人，每年这么多游客，哪怕只有1%的人喜欢看电影，开个影院也能红火嘛！"于是这家影城成了第一个吃螃蟹的企业，大荧幕、3D电影，给偏远的县城的人带来了别样的体验。影城一位老经理这样跟我们说，"我们是这里的第一家影城，开得最早的，那时候生意很好的。"

经济学模型告诉我们，一旦市场中有企业拥有超额利润，潜在竞争者会进入市场瓜分超额利润；竞争越激烈，单个企业的利润越小；直到形成完全竞争市场，市场均衡价格等于企业边际成本。这件事在真实世界中不断重演，今天的市场机会到了明天，就变成了激烈竞争的挑战。对于创业者们来说，企业一时的兴起与繁荣并不是故事的结局，如果不时刻保持竞争能力、推陈出新，很可能面临被淘汰的威胁。

在刚到大叔的酒店时，前台只坐着一个比我们年龄略小一点的男孩，是来这里实习的暑期工。当我们凑过去看挂在墙上的房间价码时，男孩笑笑说那个不用看："价格的牌子数字不全，所以那个不准的。"酒店大堂虽然收拾得很干净，但终究还是可以很容易地感受到这是一家艰难维持的老酒店——大堂因为全靠自然采光而不够敞亮，酒店老板也亲自坐在前台招呼客人，老板娘则跑上跑下亲自打扫卫生，而整个调研过程中没有见到几个往来进出的房客。听到我们问酒店的毛利润率，老板娘似乎怨气很大："哪里还有利润，都赔死了！"老板则是苦笑："现在这一行竞争太激烈了，除了宾馆，还有民宿最近也比较火，而且我们酒店毕竟开的时间长了，比较旧了，跟人家比根本不占优势。"

大叔的女儿今年刚三十出头，其实他很希望自己的女儿能够接手酒店，再创造出新一代的辉煌——"你看我当时从零开始，做到三星级可以说已经拼尽全力，非常不容易了。如果她愿意，这个三星级就是她的平台，而不是从零开始，那么她可以有更高的追求，最后开成一个五星级酒店，对吧？"可惜大叔的女儿却志不在此。对于大叔而言，选择退出，舍不下这番辛苦打拼的基业；继续投资，目前的经营状况也只是勉强维持，没有余力。因此大叔只好先维持现状，再寻出路。

与大叔的酒店一样，我们访到的影城也进退维谷。影城在镇中心一栋不高的临街大楼里，楼下两层是农贸市场。在我们等电梯上楼时，旁边一个铺位的老板在专心地收拾一箱鸡蛋，农贸市场的气味一度让我们怀疑自己是不是找错了入口。坐电梯出来是长长的走廊，两侧贴满了电影海报。影城的放映厅不多，排列在狭窄过道的一侧，靠售票处的放映厅门口站着一位检票员，面无表情地看着放映厅里往外走的人。也许是因为快要下雨了，售票大厅非常昏暗，整个影城给我们一种"老照片"的感觉。因此在听说这是镇上的第一家影城时，我们并没有很惊讶，而是觉得"难怪啊"。

从影城办公室的阿姨那里，我们才知道原来票房收入里的一半是固定支付给版权方的，剩下的部分里，电影售票平台还要提成，再扣掉影城维持基本运营的水、电、场租，以及员工的工资，最后其实也就不剩什么了，很难赚钱。镇上第二家影城开起来之后，这家影城的收入明显下滑——"镇子就这么大，看电影的人就这么多，那大家就一起分这杯羹嘛，分的人越多，每个人分到的就少嘛，那收入一少，就要赔本的嘛。"阿姨说，镇上现在还有要开影城的，"现在要开第三、第四家影城了，看着吧，开一家赔一家。"

赚钱的机会不但在时间上稍纵即逝，在不同地区也有巨大的差别，其他地方赚钱的行当到了本地就未必可以。跟酒店和影城相比，处在第一产业的家庭农场境况似乎更加困窘。如果不是因为农地租用的合同是十年期限的，开家庭农场的夫妇早就想要退出了。当问及日后发展的投资战略时，他们表示没有任何在农地上投资的打算。这一方面是因为十年期的合同在履行上并不能得到真正的保障——土地上的投资收回成本的周期长，需要长期稳定的契约来保障；虽然农场主委托村委会和当地每家农户都签订了合同，但承包的农地分属近百家农户，难保有一天哪家突然说"不乐意了，要把地收回去"。从每家手里租来的土地都不算多，如果真的按照合同追责打官司，"我们又不是他们那个村里的，闹翻了以后还怎么接着干"，所以只能算了。另一方面，也是由于山区农地比较零散，投资机械化生产很难实现规模经济，当地一家赔了上百万元的农场对他们来说就是前车之鉴。面对不高且得不到保障的投资收益，减少投资乃至不投资成了他们的"最优解"。农场主夫妇在上海松江开农场"年年有赚头"的经验移到遍地是山的本地似乎不太奏效，如果照搬反而可能赔得更惨。现在农场只能依靠农业补贴勉强维持，这是他们所没有料想到的，也让他们倍感无奈。

在千岛湖这样一个对水源和环境保护要求非常高的地区，制造业面临更大的生存压力，但我们访到的弹簧厂厂长却能够在重重压力下找到一条前进的道路。有远见的他花费重金在外部购买污水处理循环系统，真正达到厂房污水零排放；将弹簧生产的最后一道工序也是高污染工序电镀外包给外地厂商，以降低本厂污染物的排放。他的远见也有所收获。在最近两年的环保风暴中，工业区的企业遭到了大范围的关停，而他的企业被树立为标杆。在客户与合作对象上，他的企业并不局限于本地，甚至不局限在省内，而是和一些国内知名品牌，如美的、苏泊尔、华为等均有合作——能成为高端厂商的供应商，本身就是自身品质的一块金字招牌。这种合作模式即使利润微薄，也绝不降低品质，因为厂长看重的不是当前的营利，而是企业的未来。难得的是厂长非常看重技术创新，能够通过改造设备、引进技术来实现生产和环保的目标，并且持有数项发明专利和实用新型专利。

他也是我们的受访者中少有的强调管理重要性的老板。他反复提到，管理者必须头脑清楚、目标清晰。此外他还非常重视企业文化，认为老板应该关心职工的感受和生活，让职工对企业有归属感。也许是因为创业初衷是"证明自己"而非为了收入，赚钱对于厂长来说并不是目标，企业的成长才是。在厂长身上我们没有看到太多的彷徨和迷茫，更多的是足以支持他一路求索奋进的坚定和信心。

感想

这次调研有幸遇到不少创业者,和他们交谈让我们获益良多。这些草根企业家们的创业理由有的很理想主义,也有的很朴素现实,但不论如何,做出这个选择都需要面对更多的风险和挑战,历经风雨的他们也因此有着与常人相比更坚韧勇敢的意志。

不过,不论是乘风破浪,还是艰难求索,每一位草根企业家都同样值得敬重,因为他们才是中国经济奇迹中相对沉默的大多数。在时代的洪流中,其实每个人奋力走出的那一步都很重要,都值得被看见。

董英伟

北京大学 2018 级博士生

2018 年浙江调查

经济发展：生态生机还是经济生机？

当大巴经过 M 地时，窗外并未出现我们想象中的荒漠和龟裂的土地，相反外面有很多小灌木丛、生命力顽强的梭梭树，还有其他耐旱植被，覆盖了视野可见的大部分土地，使这个边陲小镇显露出绿色的生机。然而，在我们对样本点进行了一天的走访之后，才发现这里的企业生存状况却并不是那么春意盎然。

小商品百货商行

我们的两人组首先要走访一家小商品百货商行。该企业注册信息比较模糊，所以我们只好在小巷中来回穿梭，最终在一家凉皮店找到了自称认识老板的方先生。一开始他很紧张，警惕地盯着我们，后来再谈了一会，他逐渐放松下来。在问及百货商行的状况时，方先生告诉我们那是他朋友的店，开了一年就不干了，原因是这里的房租过高。别看这儿的地段比较偏僻，可租金一年下来也要5万元。由于网购发展

调查小队合影

给实体店造成了比较大的冲击，所以这几年不断有店铺倒闭出租，或是因交不起房租，直接被房东撵走。想想也是，毕竟网购可以说是目前中国最便利的购物方式了，得益于物流业的发展，使得线上与线下合成一条完整的消费流程，互联网经营模式的成本支出远低于实体店，所以实体店在价格战中是很难获胜的。因此这里的铺子，以餐馆、服装店和手机店为主。服装店多以品牌加盟为主，如海澜之家、新百伦、美特斯·邦威等。这些品牌一件衣服就可以获得几百元的利润，除了支付租金和人工成本，还能有些盈余。而这些早餐店，每天最低要达到两百多元的利润才能保持正常的收支平衡。但是每件小商品的利润也就几元钱，这对于客流稀少的小街店铺来说，无疑是个挑战。等到我们采访完离开之后，同伴告诉我，付款时根据微信名字来看，在厨房一直忙着切凉皮的女人，也就是这位方先生的老婆，就是我们之前要找的店铺的老板。

汽修店

之后我们又来到了一家汽修店。店主以前是修理摩托车的，后来生意不好做就改卖电动车。他的流水相比小餐馆就好看了不少，一年估计有十几万元。可利润还是不多，而且这几年的销售总额还在不断下降。据老板说，他们生意的旺季在 8—10 月——也就是农民将收获的农作物卖出拿到现钱的时间。这几年，年轻人去外地要么读书，要么打工，留守在田间劳作的人变少了，而且这几年农作物的价格并不高，农民没有赚到什么钱，购买力降低，而该城又以农民居多，这大大影响了电动车行业的生意。我们问及几家店铺，发现他们几乎都没有享受过补贴，反而受困于高昂的租金之中。不过令人欣慰的是，他们成立了一个甘肃电动车协会，这促进了市场信息与需求信息的对接，一定程度上有利于商品的出售。

城东工业园区

告别了热情的电动车店老板,我们又根据地图提示来到城东工业园区。园区是由三个区组成的,面积说大不大,说小不小,不少店铺的卷帘门都是拉下的。一问才知道,店铺生意不好,所以不少人选择假期回家。街边的店铺里没有客人,只有闲坐的小店主心不在焉地聊天,只为打发这漫长的午后时光。城东工业园区本是一个投资过亿元的重点项目,眼前破败的场景却似乎无声地诉说着现在的情况并没有达到预期的效果。这里的店铺种类比较杂乱,有汽修厂,有石料厂,还有做灯牌广告的店铺,工业间的联系不紧密,没有形成产业的聚集区,店铺的规划比较混乱,也许这和眼前冷清的景象不无关系。

其实 M 地有人力成本低廉的优势,在我们采访的企业中,管理层的工资月均为 2 000 元到 3 000 元,门卫只需要 800 元。在中西部产业转移的过程中,M 地可以充分发挥自己劳动力成本低廉的优势承接劳动密集型产业,可惜受制于这里的资源限制,耗能较多的工厂是不能引进的。

一方面,我们需要在保持生态和谐的情况下,于农业方面做出发展,提高农民的经济收入。因为这里住的大多都是农民,提高他们的经济收入可以改善相关实体店的生意。另一方面,在水资源保护与农作物种植之间找到均衡点是至关重要的。在当地,水资源是弥足珍贵的,我们所住的宾馆,甚至大街上都会有节约用水的标语。可像之前发生的有关人员强行拔出农民已经种好的价值几十万元的洋葱苗的事件,虽然节省了水资源,但造成的资源浪费与机会成本又该怎么计算?如果之前就与专业人士做好咨询工作,完全可以减少政策的变动和因此带来的损失。

在废弃的工厂中访问

在我们的采访过程中，不少小老板都抱怨房租过高。客观来看，该地的地产价格的确与其收入水平不相符。那么在市场行为中是谁推高了房价？这是我们后续需要找到答案的问题。

张雨婕
甘肃农业大学 2017 级本科生
2018 年甘肃调查

走向人群

调研前的培训中,我们的队长跟我说:"现在有些人在做经济研究时,只是看一些公开的数据,这些数据或者来源于官方,或者是很久以前的调研数据。他们从来没有做过实地调研,也不清楚中国社会最真实的情况是什么样的,然后就去做研究。这样的研究其实是

访员和当地居民在一起

很空的,他们没有真正地了解社会,所以他们的研究成果也不能真正意义上地反映社会情况和造福社会。"田野调查有多重要,也许做过的人才会懂。只有走向人群之中,才能真正看清每一个路人的脸,才能真切地从每个人的嘴里,听到组成这个社会的那些微小而庞大的声音。这些声音也许主观,这些观点也许不完善,但是它们是最真实的。

在 Z 县调研的四天里,我们穿梭于大街小巷。无论是音响震天的商贸街,还是遍布泥坑水洼的小路,都留下过我们的身影。因为寻找调研样本的需要,或者是自己好奇心的驱使,我尽量多地和当地人聊天,走进当地的人群,我能一天比一天更加清晰地描述这个小县城的氛围和生活。

我一直有这样的想法,要了解一个城市,光是去她的自然景观、人文景观的景点旅游是不够的,即便是去当地人推荐的热门小场所也是不够的,只有真

Z县的街口

真切切地迈开步子在城市的高楼和公园中穿梭，只有真的看到办公人员的来去匆匆和老人带小孩乘凉的悠闲，只有真的去操心农贸市场里的柴米油盐和不同人群的衣食住行，你才能真正地感受这个城市，和她同呼吸，才能理解这个特殊生态系统的起落和情绪。

为了寻找一家样本企业，我们在两天之内到当地的中心市场里转了三次。市场门口戴着墨镜卖甜醅子的老爷爷在我们问路时和我们热情地攀谈，帮我们弄清了县城里很多微小街道的命名和分区；熟食区的一位大妈被我们不同寻常的衣着和举动吸引，主动询问我们有什么需要帮助的。三趟下来，老爷爷的小孙女已经不会在见到我们时害羞地躲在爷爷身后，卖凉皮的大妈也成了我们在中心市场的"线人"："你们放心，我认识你们说的那个人，他的店就在我斜对面。我帮你们看着，他一过来我就给你们打电话。"第三天下午，我刚回到宾馆，把自己像一张大饼一样地瘫在床上，手机里突然有了陌生号码的来电，是那个我们一直在寻找的店主！他说他现在在店里，并且有时间接受我们的调研。这真是三天以来最开心的时刻，我一下子从床上弹起来，蹬着拖鞋去猛敲我搭档的房间门："那个找了两天的店主联系我们了，快走！"

在乡镇上走，只要你愿意接触，就会有不少人愿意告诉你一些东西。

在集市上卖自家香菜的

Z县当地的民居

老婆婆告诉我，这种叶子细细的小绿菜是小茴香，这里的人经常把它和香菜混着种，也混着用，所以我早上喝的紫菜汤里总有一股和别处不太一样的味道。这里的集市逢双而开，每次集日，她都会带一点自家种的菜来卖。一大把香菜一元钱，在我看来是绝对谈不上盈

新店开张带来了一整条街的热闹

利的。集市，大概只是她和熟人或者不熟的人聊天的一个场所吧。

董家庄村里某个生产队的队长大叔告诉我，他们村里的年轻人现在大多数都出去找活做了，老一辈的人依旧互相认识，新一代之间倒是生疏了。我们打听一位李姓的殡葬服务中心负责人时，在一个村里四处询问竟然无人知道。"也许是外乡的人过来的。"队长摇了摇头。我突然有点明白，为什么在关于人际交往的调研问题中都会有"老乡"这个选项。由地缘关系结成的信任链，无论熟悉或陌生，都不曾消减。

路边推着自行车卖煮苞谷的大姐告诉我，她家自己种的水果苞谷特别好吃，生吃也很可口，但是没有好的销售和推广渠道，所以也赚不上钱。我第一次吃这么好吃的苞谷，于是在力所能及的范围内支持她的生意，每天去买一根苞谷当零食，还用了堪比传销的攻势大力号召我们队其他的同学品尝。

一家童装店的老板，也是三个孩子的妈妈告诉我，现在 Z 县的教育质量不太好，有能力的家长都想把孩子送到定西去上学，虽然学校还在盖新的校舍，但好老师却在流失。Z 县今年有一个考上清华的孩子，家长们在高兴的同时也都坚信：有了第一个就会有第二个，以及以后的更多更多。

修车行的打工小哥告诉我，不知道为什么，2017 年、2018 这两年，生意越来越不好做，原来车行的冬夏两季淡旺季差别明显，现在都没有什么淡旺季之分了。"这里的店铺更新速率特别快，干不下去的话就去别的地方谋生计吧。反

街巷里玩耍的孩童

正这年头只要有手艺、肯干,到哪里都不会饿死。"修车行的老板也很无奈,但是他对未来还是比较有信心的:"我们这个店已经八九年了,之前多少风风雨雨都过来了,这次也一样的。"

这些信息,只有很少一部分可以直接帮到我们的调研,但是我愿意了解。只有真正地走向这些平凡而生动的人们,倾听他们的喜怒悲欢,才能更好地理解这里,理解问卷上严谨的学术研究之外,一些充满烟火味的市井气息。

三天以后,我已经能像半个当地人(因为还不会说方言)一样地和 Z 县的人们聊天和问路:"你说乔老板啊,我知道我知道,前两天我们拜访过他的公司。"

一家样本企业的老板教育我们:"你们这些大学生,成天生活在象牙塔里,哪里能理解我们这个小县城的生活,只是过来玩罢了。"我不知道是什么样的见闻和经历让他对这个群体有了这样的误解,但是我希望我与他的接触,能让他对我们的认识有所改变。我们不是"四体不勤,五谷不分",也不是"不当家不知柴米贵",我们正在尽最大努力去理解我们所调研的县区,也在尽最大努力去理解社会最真实的面貌。

走向人群中去实地调研,

在调研中体味生活

再通过汇总数据走出人群，在一个县、一个市、一个省的层面上分析研究。写到这里，我的脑海里浮现出"入世和出世"的儒道思想，一个做调研的经济学人，必然是严谨的，但也多少透着点仙风道骨般的哲思和洒脱吧。

张馨元
北京大学 2017 级本科生
2018 年甘肃调查

资源诅咒、政府失灵与空心的县城

至 2018 年 8 月 2 日，我们小组完成了 Y 县四百余样本的寻访。一路走来，街头巷尾，田垄村落，所见所闻，感慨良多。特撰此文，谨以纪念。

对于生活在大城市的你我，这也许是一个最好的时代：盛行的消费主义让人们享受着物质的富足，聚集到城镇中的人口共享公共品的便利，创造出多样的商品与服务——然而我们到访的 Y 县似乎与这一切背道而驰。初到 Y 县，呈现在我们眼前的是一座几近空心的县城。宽敞的大街上却车辆寥寥，鳞次栉比的商铺仔细看来却多关门歇业；人烟稀少，大街上缺少县城应有的市井氛围，夜幕降临，县城里更是犹如"鬼城"般沉寂消沉。

多日来的访问，我们接触了各行各业的企业家，从他们点点滴滴的叙述中这才逐渐拼凑出 Y 县区域发展的难言之殇——这是一个关于资源诅咒、政府失灵与人口空心化的经济学故事。

Y 县是闻名远近的国家商品粮基地，特产量大质好的花生，有着"花生之乡"的美誉。所谓"重为轻根"，优渥的农业生产条件亦是困缚住该县脱贫致富的沉重枷锁。产业链短、附加值低、局限于初等农产品的生产，使得人多地少的矛盾始终没有得到妥善的解决。信息闭塞的农户，背负着气候与市场的双重风险，四海无闲田，犹然挣扎在年人均一万元上下的中低收入。集市上十元十个瓜的买卖仿佛昭示着，延续千年的"谷贱伤农"的故事依然在这里上演。农机行业的萧条，也显示着当地推广规模化、机械化生产的重重荆棘。

此外，农业为本的 Y 县正经历着产业升级带来的水土不服与阵痛。近年来，政府采用了以产业聚集为主的扶贫开发政策。政绩导向的官员们忽视了地区的比较优势，硬是在一方方绿油油的田间搞起了三通一平，建起产业集聚区，并向投资方允下不切实际的优待与补贴。一时，良莠不齐的企业鱼贯而入。但在落户之后，前任官员的任期告终，入园企业只见得主政官员步步高升，所期待的配套服务和优惠政策则往往无法兑现——产业园区没有扮演优质企业的"孵化器"，反而成了投机取巧的劣质企业的"吸尘器"，而劣质企业离开了政府的补贴便无力自生，所以各处破产倒闭，荒草丛生——有内部人士戏称这是"开着宝马进去，开着桑塔纳出来"。政府提供公共品与组织协调服务的行为本应得到提倡，可是该县产业园区的案例却提醒我们，简单粗暴地嫁接大城市的产业发展方式，而忽视区域异质性和政府调控失灵的可能，是不可取的。

种地没前途，工厂不招工，留在Y县对于本地的年轻人而言已是末路穷途。相对地，长三角、珠三角的劳动密集型企业和工厂频频抛出高工资高福利的橄榄枝，这一推一拉之间，劳务输出中介俨然成了带领乡亲就业致富的支柱产业。漂泊他乡，打工挣钱，已不再是一种赶时髦，而是养家糊口的必然选择。由于人口净流出而极度萎缩的本地部门（零售、衣帽、餐饮、娱乐等产业）还要承受互联网购物对于实体店的冲击。所有的因素综合起来，造就了Y县"工农业不振→人口流出→城区空心化、乡村老龄化→消费不振→工农业不振……"的恶性循环，仿佛一道挥之不去的符咒，萦绕在这片昔日富饶的土地上。

在北上广深，中国的明星城市创造着一个接一个的经济神话，吸引着镁光灯和人们的眼球，然而像Y县这样作为"沉默的大多数"的边缘县城却没得到应有的关注与重视。如何让基层的信息上达，让政府有为、有效率，让改革开放的成果普惠到中国的每个角落，仍然是每一位经济学子的义务与使命。借用戴若尘师兄的一句话作为总结，"发展远未结束，我们没有资格骄傲"。

陈方豪
北京大学 2017 级博士生
2017 年河南调查

产业集聚区集聚了谁

2017年8月6日是我们来到H县后最热的一天。不过，炎热的天气也不能阻挡我们的热情。看了看平板电脑里20多个"H产业集聚区"的样本，我们决定到这个县城外西南角的工业区一探究竟。尽管已经有队友在前一日来到此地踩过点，而且发现企业"绝大多数对不上号"，但我的心态还是比较乐观的，因为我实在难以相信这20多家工商登记在册的企业都难寻其踪。

H县的这个产业园区面积很大，而且企业样本较多，我们首先找到了产业集聚区管理委员会。产业集聚区管理委员会与H县行政服务大厅在同一栋楼里。我们来到管委会所在的四楼，在说明来意后，负责对外工作的蒋主任接待了我们。

"你们这个列表里的企业，基本上已经不在我们这儿了。"蒋主任不紧不慢地为我们分析，"集聚区里面的大企业只有为数不多的几家，而其他小企业的流动是非常快的，你们的列表里面有很大一部分企业可能都发生过变化了；另外，有很多企业只是注册在这里，实际上不在这里办公或者经营。"在浏览完我们的企业样本清单后，蒋主任向我们提供了一份"真正的"集聚区企业通讯录，"这上面的企业都是能找到的"。

经过比对，我们的20多条样本信息与这本6页的企业通讯录，我们发现只有一家纺织企业的名字是重合的。蒋主任把我们请进了产业集聚区的办公室，办公室的工作人员答应帮助我们联系企业。窗外面的园区很热，办公室的空调却很凉，在等待工作人员拨通电话的过程中，我们甚至觉得有点冷。在产业集聚区办公室拨打了数次该企业的电话后，终于帮我们联系到了这家纺织厂的经理。我们约好下午六点再联系。

至此,我们早上出门时的自信与热情已经降温了一半,顿觉离完访目标渐行渐远。不过,出于对管委会登记信息不够准确的担心,在离开集聚区办公室之后,我们还是决定按照数据库中的工商登记地址去寻找一下样本企业。

曾经的某服饰有限公司已经变成另一家服饰公司

事实很快证明了我的担心是多余的。按照原地址寻找,基本上找不到登记企业的踪影。唯一找到一家门口招牌与样本信息一致的某纺织公司,事实上已经成为某管材的生产厂房,原纺织厂已经停工很久了。院内除了一个门卫大娘空无一人。"纺织厂那边已经没人了,办公室都空了好久了,除了一些设备堆在那里,什么都没有了。"大娘看我们热得可怜,便邀请我们进她的传达室休息,"现在这个厂子给了某管材公司,不过今天没上班。"她说,自己也才来没多久,对于院内的事情只是小有了解。今天没人来厂里,她也不忙,正在准备手擀面作为午餐。我看她聚精会神地择选豆角的神情,似乎与屋外面大大小小的工业企业来自两个世界。

H县某置业有限公司已经被H医药所取代

"中午在我这儿吃饭吧!"大娘热情地发出邀请。我想着今天调研的事儿,有点走神,没有听清她的话。"谢谢您,不过不用麻烦啦!我们再去别的地方找找吧。"还是我的搭档让我停止了神游。是啊,调研还

破败失修的某纺织厂办公楼向我们印证了门卫的信息

在继续,我们也该接着出发了。

临近中午,太阳越来越高,我们内心也开始有点焦躁。在产业聚集区转圈时,我们看到了很多未完成的工程项目,与人去楼空的厂房办公楼。这让我们回想起了之前在L产业集聚区调研的景象。

在中国,"产业集聚区"并不是个陌生的概念。大到省市甚至国家层面,小到区县,很多行政单位都有自己的"集聚区"。在不同地方,它可能有不同的表现形式,例如"工业园区""高新开发区"等。这些地方往往由政府统一规划,企业也相对比较集中,因此可以实现资源集约利用,整体效益提升。然而,从L县到H县,无论是工作日还是周末,我们在产业园区里看到的,不是蓬勃、喧闹与开业兴隆,而多是冷清、放假与关门大吉。不知聚集区里现在的这些企业,是不是政府规划时想要聚集的那些企业。

任昶宇

北京大学 2017 级博士生

2017 年河南调查

河南的航运，安徽的船闸

绿皮火车慢慢驶过郊外，伴着音乐，我们默默扫了一眼平板电脑上的样本企业。在众多个体工商户与普通公司中，竟然有三家船务公司。

河南是内陆大省，淮滨只是河南省南端的一个小县城。但是，淮河之滨，并非浪得虚名。淮河主干流经河南、安徽和江苏三省，且由于淮河上游断流，淮滨又有"淮河第一港"之称。

心中不禁欣喜却又有些许疑惑。我们欢喜，可以好好了解造船与航运的产业集群。我们也疑惑，淮河一号码头，为何如此默默无闻……

走过淮滨老城区——南城，十分老旧且偏僻狭窄的道路，令我们颇为吃惊。

船舶产业区偏安于南城一隅，并非当地支柱产业的待遇。走过偏僻狭窄的小路，终于发现了一个破败的码头，以及周边的数十家小型的私人造船厂与船务公司。

遍寻样本公司无果，正徘徊路口时，"小韩船配"的韩老板发现了我们。他告诉我们，附近这些造船及船务公司的大部分企业家都找不到了，近两年生意不好，大部分造船厂都处于停工状态，一些船务公司也已经倒闭了。

据韩老板口述，淮滨船舶及运输产业确实经历过繁荣，是淮河上游和下游货物的集散地，河南的矿产资源、农作物以及工业原料等通过淮河运输到华东地区是最经济的。鼎盛时期，淮滨县码头附近这一带能同时开工生产300多艘船，一年下来生产总量可达1 000多艘，并解决6 000余名工人的工作。

而现在之所以如此萧条，是因为安徽的一道船闸——临淮岗船闸的建成。

淮河在流经信阳市后，进入安徽省六安市，而临淮岗船闸正位于六安市霍邱县北。临淮岗船闸建成于 2005 年，主要用于洪水防治及农作物灌溉。但由于设计不到位，且施工中存在贪腐行为等原因，临淮岗船闸的宽度只修建至 12 米，这就天然地给所有从淮滨出发的船只设置了宽度上限。目前所有从淮滨出发的船只中最大的宽 11.8 米，长 96 米，载重 400 吨。

"若不是淮滨的造船业受下游临淮港限制，还能造更大的船！"韩老板说。

过于狭小的下游船闸从两个方面扼杀了淮滨的船舶行业：一方面其阻止了造船业的产业升级，扼杀了淮滨造船业的技术创新；另一方面其降低了航运运输效率，提高了淮滨船舶运输的航运成本。

具体而言，首先，造船业重要的技术升级之一是如何克服技术瓶颈，打造荷载更大的船只。大型船只的建造也能够促进产业整合，优胜劣汰，形成更大规模的造船厂。但是，由于目前淮滨只能建造小吨位船，导致鱼龙混杂，造船厂往往还是基于家庭作坊式的生产方式。

其次，过小的吨位提高了航运成本。第一，由于吨位限制，船长无法选择最优的航运规模，提高了船运成本。第二，过于狭窄的下游航道降低了通行效率，增加了时间成本。在临淮岗船闸建成以前，小型船只能两只并行通过，船只只需等待一两天即可通过；但在临淮岗船闸建成后，小船也只能单只排队通行，淮滨向下游的船只过闸需要等待一个月以上。对于船舶运输行业而言，货物价值大，等待的时间成本极高。由于造船业的低速发展，以及航运行业成本优势的缺失，航运业在淮滨逐渐衰落。

在韩老板店铺里的麻将桌旁聊了将近两个小时，我深深感受到源自真实世界的经济学的复杂与精巧。一个小城的命运，与当地支柱产业的发展紧密相连；但产业的兴衰，竟然源于外省的一个公共政策。正如韩老板所言："就安徽一个小小的防洪闸，掐死了淮滨整整 12 年的经济发展。"

航道中任何一个船闸口除了自身功用，也会直接限制其上游的运输能力，在经济学中我们将后者定义为该政策的外部性。外部性问题十分普遍，但在淮河航运中，安徽的政策却完全忽视了这个问题，而问题发生后，安徽与河南竟然协调了 10 年都没有解决。不禁想象，如果在重要的基础设施建设中能够考虑到外部性，跨省统一规划，那么淮滨乃至河南的经济，是否又是一番新景象。

往者不谏，来者可追，是以为记。

戴若尘
北京大学博士后

张华燕
浙江大学 2016 级博士生

2017 年河南调查

一个像非洲,一个像欧洲

白鹤,注定成为我人生中难以忘怀的一个小镇。第一次看到它的名字时,带给了我太多的遐想,地图上一条条名为"鹤盈路""鹤如路""鹤鸣路"的街道,也让我感到诗意和雅致。可是旧时盈盈水畔翘首玉立的白鹤早已展翅远去,留下的仅是灰黄的尘土。风一刮,嘴里就嘎吱作响。道路两侧林立着工厂和小店,工厂的玻璃上都晕着一层灰尘,从外面根本看不出里面正常运营与否,小店则大多是小吃店和电动车维修店。正午12点多,我和队友沿着街道走了2 000米,路过的20多家小吃店里几乎没有一个人。整个小镇是了无生气,对于在烈日下暴走的我们而言,甚至是绝望的。镇内交通十分落后,公交车站没有站牌,只有询问老乡才能找到上车点。路旁更没有共享单车,从一个样本到另一个样本只能靠徒步。白色阳光下的一切都显得刺眼而冷漠,一天下来,只走了三个样本。

第二次前往白鹤镇时,遇上了一位好心的大叔,他了解了我们的情况后,提出开车送我们去江苏昆山找单车。他说白鹤镇已经是上海的边界,和昆山只有一桥之隔,却一个像非洲,一个像欧洲。他建议我们在昆山

青浦区白鹤镇

找到单车后骑回白鹤再走访。如果不亲自乘车经过吴淞江大桥，谁也无法相信这毫无过渡、坦率直接的变化。短短三四分钟的车程，大桥一侧是典型的郊区乡镇面貌，窄路、旧工厂、平房，另一侧则是宽敞的马路、鳞次栉比的高楼、院校。昆山，全国最富庶的县级市，所言不虚。来到昆山花桥镇，路边随处可见共享单车，各类设施一应俱全，颇有些大都市之感。

花桥与白鹤二者的地理条件几乎没有任何差异，仅因行政区划的不同，便有悬殊的差别。花桥是江苏省

上海和苏州交界处的高级住宅区

唯一一个以现代服务业为主导产业的省级开发区，更有谷歌、百度等巨头企业落户。反观白鹤更像是一处被人遗忘的角落，昔日唐宋时期繁华的贸易港已渐渐凋敝，仿佛被锁在了时间的封印中。《上海城市整体规划（2017—2035）》中提出将建设"上海嘉定安亭—上海青浦白鹤—江苏花桥"城镇圈，共享公共服务，这对于白鹤镇而言无疑是一次突破的机遇。愿白鹤复返，清水长流。

消失的人口之谜

"预计今年营业总收入与去年相比如何？"我们问道。

"一年比一年差了。"几乎是相同的回答。

"为什么？"我们接着问。

旅店老板说："外来打工的人都走了，没人来住我的店。往年都能住满，今年还空了许多房。"

餐馆老板说："附近工厂打工的人少了，生意不好。"

烂尾楼

公司企业主说:"招不到外地人,成本越来越高了。"

....

"为什么会这样呢?"我们继续追问。

他们都提到了城市清理,并摆出了"低端人口"的嘴型,欲言又止地看着我。与企业主的访谈,基本都难逃城市清理的话题。城市清理对上海的影响不可谓不大,首当其冲的就是城区周边的小镇。我们小队分为五组,各自去了不同的镇子。除了上文提到的白鹤镇,在徐泾、金泽、练塘等镇,大家都看到了废弃的厂房、破败的工业园区,从小镇驶向市区的路上还能看到贴着巨幅广告的烂尾楼。上海如果只能浓缩成一张图片的话,那必然是繁华的CBD区,西装革履的人们拎着公文包穿行其间。我们从没料想过,在上海的后院,还有着这样一批衰败的小镇。限制低端劳动者流入,目的在于保护本地居民和挑选高端人才。前段时间,上海刚发布了北大清华毕业生可落户上海的消息。事实上,随着经济发展和收入水平的提高,个人的服务性消费占比会越来越大,然而服务行业的从业人员恰恰就是一线城市想要驱逐的人群。城市清理后,找保姆费用增加,找修理工费用增加,去餐馆吃饭开支增加,政府想保护的本地居民利益反倒受损了。最后可能的结果是,企业家招工成本越来越高,待不下去,走了;高端人才生活压力越来越大,待不下去,也走了。

废弃的工业园区

一个城市接纳所谓的低收入者,为他们提供公共服务,让服务价格和生活成本低下来,才能留住人才,增强竞争力。人口向大城市聚集是经济发展的必然规律,聚集才能发挥优势,创造价值。决定一个人在城市去留的应当是市场因素,而不是人为干预。我们或许应当更多地思考如何去面对更多的人口,如何更好地治理人口,而不是如何驱逐人口,去追求所谓的地区"平衡"。

此心安处是吾乡

　　在上海,我们接触最多的是安徽人,个体户的老板们十有八九是安徽人。上海本就是个移民城市,是各地人们的逐梦之地,他们在这片土地上成长,拼搏,老去……我们曾经询问过旅店老板,既然生意不好做,有没有考虑过回老家发展。她表示,在她们老家来上海闯荡是令人羡慕的事,就算这里生活艰难,她也没脸再回去。上海,凝聚了太多外乡人的期待和憧憬。

　　与北京多年前的"浙江村"不同,来上海的异乡客们并不是以家乡为划分条件,排外地聚集在一起,而是就地扎下根来,更积极地融入了本地的生活。几乎所有的外地人都说自己信任邻居超过老乡,在上海,他们与老乡也甚少来往。一位来自江苏镇江的工商局管理人员与我们交谈时,已经熟练地操着一口上海方言。乡愁,并没有束缚住他们的拳脚,于他们而言,上海就是他们的第二故乡。

　　个体户的创业经历都惊人地相似,他们往往先在别的老板手下做工,然后积累了经验后,就尝试自己出来单干。令我印象深刻的是药店的安徽老板,在讲述自己的创业经历时,她说自己创业的初衷就是希望可以开一家药店,与以往自己打过工的药店都不同。她说想依靠自己的医学知识帮助来买药的病人做一些简单的诊断,然后为病人对症下药,而不是去推荐市面上最畅销、利润最大的药物。为此,她还在继续读书,提升自己的学历。听着他们的创业故事,我敬佩他们的勇气、决断和理想。

　　队长曾问过我参加这次调研活动想获得些什么,我说,想在上海看见大企业，想和大企业家对话，想看看大企业如何管理和发展。而最后，反而是这些我在调研初没太考虑过的外乡个体户们教给了我更多。房产中介、汽车维修铺、爆鱼店、牛奶站、婚纱摄影店……每一家店铺背后都包含着形形色色的悲喜剧，他们或一举成功，或失意从头再来。正因为他们当初没有放弃，我才有幸遇见他们，听他们把这些故事讲述出来。这些怀揣着理想的异乡人，他们才是上海这座城市生生不息成长下去的中坚力量。

唐书博

北京大学 2016 级本科生

2018 年上海调查

调研见闻与思考

将近 20 天的调研收获很多。调研之前我一直在做一些关于产业集群和企业家合作的研究，但对于真实的企业间行为缺乏认知。在调研的过程中通过跟很多企业家聊天，参观一些企业的生产线，我学到了很多，也零零散散记录下来一些观察到的现象和企业家的经历。

环保

在北京学习了快六年，我一直对北京糟糕的空气质量深恶痛绝，对于环境保护的认识也停留在纠结汽车尾气还是工厂排废气影响更大，以及听别人说起的工厂夜间排污的故事。这次调研给了我一个关于环保的全新认知，让我切身地感受到环保不仅是北京青年人天天抱怨的 PM2.5 高，而且是一个覆盖了社会各个阶层的复杂问题。

第一个是环保和就业的权衡取舍。"煤改气"在我们调查的省份开展得如火如荼，但是企业对政策执行上却颇有微词。一个经营农家乐的老板告诉我，对于他而言，煤改气的第一个问题是产品质量问题，比如烧肉，用气烧肉没有用煤烧肉好吃，而更为根本的问题是成本上升。一位木材厂老板算了一笔账，对于木材厂，"煤改气"成本上升 60%，这将挤占他们的全部利润，甚至导致亏损。"即使不考虑我自己的利润，我这个厂子还养着 100 多号人呢，这就是 100 多个家庭啊，我们要是倒了，这 100 多个家庭可怎么办啊！"木材厂老板告诉我们说，"现在我们处于一种两难境地。环保部门的权力特别大，不符合环评就让我们立刻关停；可是一旦引入政府所要求的环保设备，利润空间消失殆尽，养不起工人，最后还是关停，真是进退两难。"环境保护毋庸置疑是正确的，但是环境保护政策该如何执行，在只要是烧煤企业就要立即关停的"一刀切"政策下，如何维持原有工人的就业，是在政策执行层面应该考虑的问题。

第二个是环保上的"抓小放大"。调研时，一方面，有很多小企业主抱怨说，环保部门对于像他们这样的中小企业特别严，甚至于环保官员用手摸一下设备，发现上面有灰就要关停（环保政策的压力促使了一个行业的繁荣，就是环评公司，这些公司主要在大城市。访问时有一家石材厂老板给我拿出了厚厚一沓环评材料，自信而骄傲地跟我说："你看，我们环保手续都是齐全的，这些都是我们委托环评公司代办的。"在我们组访问到的众多石材厂中，这位老板是最为配合的。另一方面，环保部门对于大企业则相对宽松，甚至睁一只眼闭一只眼。木材厂老板说："××县有一个特别大的造纸厂，你们抽到它了吗？它的污染是最严重的，但是却不关停他们，原因嘛，你们懂的。"我没办法去核实他们所说的情况，但是大企业贡献了当地大额的税收，大企业的老板也往往和政府官员有着各种各样的关系，这些都是既有的事实。我想，政府官员也必然会面临环保与税收、环保与经济增长之间的权衡。

第三个是环保政策的稳定性。我们的问卷中有一个问题是让企业家选择影响企业生存和发展的外部因素当中最重要的是哪一个，大部分企业家都会选择"市场竞争压力大""用工成本高"这样的答案，但是农家乐的老板却选择了"宏观经济政策频繁变动"。我觉得这是一个十分"高大上"的答案，便十分好奇老板选择这个答案是什么意思，他的解释让我印象深刻。他说，一开始相关部门对环保的要求是水过滤，也就是将废气先排到水中，将其中的污染物在水中过滤出去。于是为了满足环保的要求，他积极购买了水过滤设备，花了不少钱。可是他刚刚安置好水过滤设备，政策就变了，变成了只要烧煤的企业都要关停。结果是即使用了水过滤设备，在老标准下是合格的，现在也不满足要求了，于是他的投入全都白费了，损失了不少钱。农家乐的老板还好，即使亏损，也愿意"煤改气"继续经营。按照经济学原理，企业一旦亏损就不应再经营了，应该立刻关停，及时止损，显然农家乐的情况不是这样，原因在于我们的原理没有考虑时间因素。老板举了个例子，他跟我说："如果你是顾客，街边有一个饭店，有时开有时不开，你会怎么想？你会觉得这个店不正常，以后你再想吃饭也不会选择去那里吃了。我们是一样的道理，现在我们依靠的风景区宣传力度不强，人流量少，以后加大宣传一定会好起来的，如果我现在亏损一点就关停了，以后这生意还怎么做。"另一个例子是钢铁业，炼铁高炉有一个特点，开工的高炉一旦停止，会给高炉自身带来巨大损耗，这个成本甚至是钢铁厂难以承担的，所以很多钢铁厂即使生产的钢铁卖不出去也要维持炼铁高炉的运转。汽车配件厂也有类似的经验，他们的原材料是钢铁，一旦设备因为断电而关停，里面所有的原材料都将报废，设备也将受到一定程度的损伤，损失很大。但是对于木材厂老板来说，吃了类似政策变动的亏之后，他们就不愿意再引进设备"煤改气"了。成本提高是一个原因，害怕之后环保政策再次变动导致前功尽弃又是一个原因。我问了木材厂老板一个问题："如果告诉你们'煤改气'之后，承诺10年内政策不变，你们愿不愿意改？"老板想了一阵，说"愿意"。我不清楚是什么原因使得"水过滤"很快变成了"煤改气"，也许是环保设备和污染处理技术的进步，但是这种对技术进步的引入和接纳与环保政策的稳定性可能也是一个重要的权衡。

关于产业集群

和企业间的合作

在我们调研的两个县，有产业集聚区和工业园区，但似乎称不上产业集群。一个原因是行业分布过于广泛，比如我们在一个不算很大的产业孵化园中看到有箱包厂、汽车零部件厂、鞋厂和通信设备厂，在范围更大一些的工业园区内则还有化妆品厂、无纺布厂等，但是几乎每个大的行业就只有一家到两家企业，很不成规模。另一个原因就是产业链的缺失，几乎这里所有企业都是流水线生产整个产品，与东南沿海地区发达的产业集群相比，这显然是一个劣势。尽管如此，这些企业为什么还要进到这个产业园区来呢？我问到的原因大概有三类：第一是政府扶持。比如当地政府计划发展汽车零部件，于是招商引资引入了汽车零部件厂，其中甚至有政府的投资。第二是利用三省交界的地理优势，交通便利。第三就是利用内陆农业大省的劳动力优势，价格便宜。箱包厂老板做的是加工贸易，来料加工，来图纸加工，他告诉我，在广东，出口退税就是利润；在这里，低廉的劳动力成本就是利润。

企业间分享订单

因为几乎没有产业集群，所以订单分享不是很多。在我访问到的几家企业中，服装生产厂、汽车零部件制造厂、箱包厂是有订单分享的，木材厂老板也给我介绍了他在徐州木材产业群里面的一些经验。

分享订单的规模

可能因为不是在产业集群中，即便是有分享订单的企业，其规模往往也不大，最多的占到30%（如服装厂）。在问到分享订单的原因时，得到的答案主要是大的厂子订单较多，有时用户的需求量特别大，而且又不能不完成，于是只能先接下，然后将完不成的包给同行企业。沃尔夫汽车配件厂的做法是挑利润高的订单做，把完不成的或利润相对较低的订单分包给同行企业。箱包厂老板介绍说，他们这种企业分包在本省很少，原因是对于他们这种中等规模的企业，很容易调整，他手里有订单的资源，也就是自己会搜寻订单（而不是等着订单过来），"有多少人做多少饭"，一般不会出现订单不足的情况。

对于每个回答有订单分包的企业，我都会问一句，这个行为对于他们是否重要，对于那些承包他们订单的企业和个体户而言是否重要。服装厂老板的回答很有代表性。她说，民营企业很难，他们不会轻易扩大规模，同行企业互相帮衬肯定是有作用的。对于承接他们订单的公司（主要是个体户），这大大增加了他们的存活概率。个体户经营最大的问题是订单不稳定，因此很容易死掉，承接大厂的订单对于他们生存来说还是蛮重要的。

分享订单的形式

无论是汽车零部件、服装制作还是箱包生产，他们都是包给个体户。在当地，同行企业有很多信息和资源是共享的，因此找到那些有资质能完成订单的个体户，对他们来说并不是难事。服装厂老板介绍说，在他们开办企业之前，当地就有一些有小型机器设备的个体户，他们有技术但是规模不大，在服装厂订单过多时可以帮忙生产。箱包公司的老板说他们有一个微信群，里面都是当地或者周边县市做箱包的老板，大家多多少少都互相了解，有事小窗私聊就好。

在具体运作上，服装厂分包是提供原材料的。他们会将布料都裁剪好，只留下缝纫一项工序包给个体户来做，之后付给他们加工费。因为之前原材料准备很充足，给多少原材料做多少货，不会有剩余材料问题。而汽车零部件厂外包的形式则是直接将订单甩给小企业或者个体户，由他们自行购买原材料，利用自己的人工和设备进行生产。

分包遇到的一个最重要的问题就是如何保证质量。通常外包方会采取巡检和抽检的方式来核查产品质量。巡检就是定时或不定时地派工作人员到承包方的厂子里去，检查他们的生产流程和产品。抽检就是将产成品的一部分抽出来进行质量检测。木材厂老板介绍说，在几年之前，他们经常将订单包给同类企业，但是后来发现那些小厂的质量（主要是平整度和光滑度）跟他们自己没法比，周边又没有同类企业，于是就作罢了。

企业之间的赊购

企业之间的赊购是很普遍的。是否有赊购行为的决定因素有两个，一个是行业特征，有的行业通行的交易方式就是赊购，比如购置钢铁、木材，有些行业则必须现款现付，比如购进农资；另一个是企业主之间的社会联系，熟人有信誉则允许赊购，否则决不允许。另外我们的问卷中问到了赊购是否有利息，很多企业家表示对这个问题难以回答，因为通常这个赊购利息会隐含在价格里，占用资金时间长的话，价格也会相应高一些。

钢铁行业赊购是很普遍的，这使得相关行业的现金流成了经营中一个至关重要的问题。汽车配件厂的原材料主要是钢铁，但铁的价格波动很大，企业对此的一个应对办法就是囤积一些原材料。但是他们囤积的原材料绝不会很多，因为这将挤占过多现金流，这是企业极不愿意看到的。囤积原材料似乎有点像存货，但企业选择最优的存货水平时必然也会考虑现金流，这是以前我自己没有想到的事情。

创新

在谈到创新时，木材厂老板和箱包老板都强调了企业集聚的作用。木材厂老板说他们自己的厂子没有创新，但是碰到问题就会请教徐州那边的朋友，因为那边类似的厂子多，碰到的问题多，有什么问题几个厂子的技术人员坐到一起商量一下可能就解决了。而且那边的厂子规模大，也有动力从根本上解决一些技术难题。箱包厂老板则强调了产业链的完整（或者分工的细化）对创新的影响。他举了一个做鞋面的例子。他跟我们介绍说，鞋与鞋之间最大的差别是在鞋面上，各种款式、材质的差别全都体现在鞋面的制作上，因此鞋面的制作也最花心思的。他原来干过鞋面生意，只专注于生产各式各样的鞋面，也就是半成品，这样他们能够花最多的心思在鞋面创新上，之后把鞋面销往墨西哥。他说，墨西哥人比较懒，当地政府为了促进就业就从中国进口鞋面半成品，让墨西哥人做鞋底和组装，再将成品鞋销往本地或者美国。另外，他介绍说在江浙，做衣服的厂子会分化成裁剪、印染、纽扣、拉链等很多个步骤。举纽扣为例，如果一个服装厂什么都需要自己做，那么它就不可能在纽扣、拉链等环节上都花很多心思，也出不来那么多的花样，但是如果一个厂子专门做这个就不一样了。现在用户的需求很高，特别是对细节的需求，他说："在本省发展最大的瓶颈就是没有完整的产业链，甚至可以说就没有产业链，这样企业很难做。"可见，完整产业链的形成才是产业集群最核心的意义。

关于专业化和创新，最后还有一个经历让我感受很深，第一次切身感受到除了加里·贝克尔讲的生育小孩子的问题上有数量和质量的权衡取舍，在生产产品上同样有类似的取舍。我们去访问一个生产电机的厂子，那是当地一个很大的企业，我们请了厂子里一位技术经理带我们参观他们的生产车间。他们有一个生产环节是将从鞍钢、武钢运过来的原材料压制成半成品。我们发现有的设备是男工操作的，非常快，而有的设备是女工操作的，相对比较慢。

我好奇的地方是，同样是生产半成品，为什么需要两种设备呢？都采用那种快的效率高的不就可以了吗？技术经理跟我介绍说，这两种设备虽然产出的半成品类似，但是还是有细微差别的。有的时候客户会对产品的样式、细节提出要求，男工操作的设备虽然产量大、产出快，但是他们必须借助于模具才能实现，花样少意味着不能满足客户需求。而女工操作的机器则正好弥补了这一不足，虽然减慢了产出速度，但是能满足客户对于多样性的需求。

如果分工细化能够带来更多创新的话，这似乎能解释中国早期工业化和经济增长的过程。地区产业集聚的形成促进了分工的细化，每一个中间生产环节（或者任务）都有一群人或者企业专注于此，因此也就能生产出更多花样、更高质量的商品，这就是创新，而这种创新本身又是经济增长的驱动力。

然而为什么江浙地区能够发展出完整的产业链，而河南却没有？是什么因素决定了企业是一体化生产还是分化成专注于一个生产环节？边界又在哪里？这种模式是中国特色还是普适经验呢？

劳动力问题

早期国有企业是一个技术训练场

我们一直很好奇的一件事是，那些修理摩托车、电瓶车和汽车的师傅们都是从哪里学来的手艺。在询问企业家关于工作史的问题时，发现但凡是需要点技术的个体户或者规模较小的企业（也就是说除了小超市和饭店），老板大都有在国企打零工的经历。根据他们的叙述，他们基本上都是在那里学到的这些技术。很多人是年轻时跑到湖北、吉林等地打工，后来回到自己家乡，利用自己在原来的企业中掌握的技术开店经营，维持生计。

完善的劳动力市场

箱包厂的老板在回答"政府最应该采取什么样的政策"这一问题时，选择的是"提供完善的劳动力市场"。现在农村的很多情况是亲戚老乡拉扯帮带的形式，比如这个村的一个人可能机缘巧合下掌握了某项技术后到某地打工，第二年他就带着村子里的其他劳动力到了同一个地方，传授他们技术，于是农民工的打工地点和行业就形成了一种集群，比如有名的打印复印行业。但是这种机制是否是最有效的？站在企业家的角度考虑，是否有更好地配置农村剩余劳动力的机制？箱包厂老板说，最理想的状态是政府能在当地设立一个人才市场，一边是需求方，各种企业挂牌，将自己的需求写清楚，另一边是供给方，各层次的人才分开站，没有技术只有劳力的站一排，有技术的站一排，懂管理的站一排。双方匹配，谈成了的，就立马坐上老板的车走。

招工启事

在乡镇里等车时，我发现一家卖凉席被褥的店里面贴着一张招工启事，顺手拍了下来。这张图片就是贴在小商店里的，可见农村的很多劳力并没有一个专业的获取劳动力需求信息的渠道。说实在话，我没办法判断这个广告是否靠谱。随随便便看到一个广告就从中原大地跑到东南沿海去打工，风险还是不小的，也许老乡传帮带的方式能够有效克服这样的信息成本吧。但是从长远来看,为什么不能搭建起专业的劳动力市场,给剩余劳动力和当地企业一个更好的匹配平台呢?我觉得这样更有助于减少劳动力市场的扭曲,使得劳动力市场配置更有效率。

另外一个现象是很多"资深"农民工的打工地点经常改变,几乎是一年换一个地方,甚至连行业都换过很多。我觉得这是不利于他们积累人力资本的,不知这样的现象是否和劳动力市场信息不完善有关。

慕天实

北京大学 2015 级硕士生

2017 年河南调查